Dämmerung

Texts and Translations

The Texts and Translations series was founded in 1991 to provide students and teachers with important texts not readily available or not available at an affordable price and in high-quality translations. The books in the series are intended for students in upper-level undergraduate and graduate courses in national literatures in languages other than English, comparative literature, ethnic studies, area studies, translation studies, women's studies, and gender studies. The Texts and Translations series is overseen by an editorial board composed of specialists in several national literatures and in translation studies.

For a complete listing of titles, see the last pages of this book.

ELSA BERNSTEIN

Dämmerung

Schauspiel in fünf Akten

Edited by Susanne Kord

The Modern Language Association of America

New York   2003

For information about obtaining permission to reprint material from
MLA book publications, send your request by mail (see address be-
low), e-mail (permissions@mla.org), or fax (646 458-0030).

Library of Congress Cataloging-in-Publication Data

Rosmer, Ernst, 1866–
    Dämmerung : Schauspiel in fünf Akten / Ernst Rosmer (Elsa
    Bernstein).
        p.   cm. — (Texts and translations ; 14)
    Introd. in English.
    Includes bibliographical references.
    ISBN 0-87352-927-8 (pbk.)
        I. Title. II. Series.
    PT2603.E72D36   2003
    832'.8—dc21   2003044222

    ISSN 1079-252X

Cover illustration: *The Sick Child*, by Edvard Munch, 1885–86. 120 ×
118.5 cm. © 2003 The Munch Museum / The Munch-Ellingsen
Group / Artists Rights Society, New York. National Gallery, Norway.
Photo: J. Lathion.

Printed on recycled paper

Published by The Modern Language Association of America
26 Broadway, New York, New York 10004-1789
www.mla.org

In memoriam
Stephan Pritz (1957–2002)

TABLE OF CONTENTS

Danksagung

Mein Dank gilt den folgenden Personen für ihre Unter-
stützung: Barbara Siegmann (Würzburg) und Michael
Hauptmann (Hamburg), die Enkelkinder der Autorin,
überließen mir freundlicherweise die Erlaubnis zum
Wiederabdruck und zur Übersetzung des Dramas; Ray
Munro, Abteilungsleiter der Theaterabteilung an der
Clark University, interessierte sich sofort dafür, das Drama
in meiner Übersetzung auf die Bühne zu bringen; Ray
Munro und Virginia Munro erstellten zusammen mit mir
die Bühnenfassung; Virginia Munro fand das Bild für den
Umschlag; Jay Lustbader, Leiter der Augenklinik, und Te-
resa Magone, Augenärztin, beide an der Georgetown University, bestätigten die Richtigkeit der klinischen Termini
im Englischen und klärten einige im Drama bewußt my-
steriös gehaltenen medizinischen Hintergründe; Markus
Rauschecker las als erster die Übersetzung und testete die
Dialoge auf umgangssprachliche Tauglichkeit; Lanlan Xu
erstellte die Transkription des Originals.

Ich danke auch allen Freunden in der Kneipe Fetzen-
reich in Trier—für mich überhaupt die einzige Kneipe in
Deutschland—in der die Übersetzung im Sommer 2002
entstand: Benedikt Welter korrigierte einen Lesefehler,

mit dem ich mich schwer blamiert hätte; Sylvia Krämer machte Vorschläge und war immer an der richtigen Stelle stur; Benedikt Zimmermann ("Trinkst Du noch einen?"), Ingrid, Kirsi, und Jürgen ("Komm, jetzt geh'n wir kickern!") wußten immer, wann ich die Nase voll hatte, und störten im richtigen Moment; Sylvia, Benne Zimmermann und Uta Keller ließen mich nach Kneipenschluß immer noch da sitzen und arbeiten ("nur noch eine halbe Seite bis Szenenende!!"), wenn alle anderen schon freundlich hinauskomplimentiert waren ("Runter vom Grundstück!!").

Washington, März 2003

INTRODUCTION

Elsa Bernstein: Her Life, Work, and Reception

Elsa Bernstein can be seen as truly representative of her era, since she participated in most major literary movements of her time. She wrote naturalistic dramas (*Wir Drei*, 1891; *Dämmerung*, 1893; *Maria Arndt*, 1908), impressionist novellas ("Caprice," 1893), neoromantic fairy tales (*Königskinder*, 1894), a symbolist dramatic requiem (*Mutter Maria*, 1900), and neoclassic tragedies (*Nausikaa*, 1906; *Achilles*, 1910). Aside from twenty dramas, of which eight were performed and twelve were printed, she authored numerous novellas and poems. Her last published work is *Das Leben als Drama*, memoirs of her incarceration in the concentration camp Theresienstadt between 1942 and 1945, written for her family immediately after her liberation and first published in 1999.

Elsa Porges was born in Vienna in 1866, to Jewish parents. Her father, Heinrich Porges, supposedly an illegitimate son of Franz Liszt, had come to Vienna to further his career as a musician and composer. In 1867, the family moved to Munich, where Porges became a conductor at the court of Ludwig II at Richard Wagner's request. Elsa received an education that left her dissatisfied, but she demonstrated her literary talent early by beginning to write at age seven and publish at age ten (her first drama). After a short but successful career as an actress (1883–87), which she had to give up because of failing eyesight, she returned to writing. Her immediate success as a playwright permitted her to run a literary salon of great renown. She married the Munich lawyer and writer Max Bernstein (1854–1925) in 1890 and had three children with him: Eva (1894–1986, later Eva Hauptmann), Maria (1897; died the same year), and Hans-Heinrich (1898–1980, later Bernt-Atkinson). In 1891, she adopted a male pseudonym, Ernst Rosmer, the name under which she became famous; the only play she wrote that did not appear under this name was *Johannes Herkner* (1904), which she published as Elsa Porges. The bulk of her work was published between 1890 and 1910. Her last published drama, *Schicksal*, appeared in 1919, followed only by two novellas. Until the Nazis forced her to move in 1939, she ran the literary salon with her sister Gabriele Porges (1868–1942). Thanks to Winifred Wagner's intercession, Bernstein received permission to emigrate to the United States, but she chose to stay in Germany since this permission did not include her sister. Both were deported to Theresienstadt in 1942, where Gabriele died after a few weeks. Bernstein herself survived the experience and went to live with her daughter Eva in Hamburg, where she died in 1949.

Bernstein's dramas are noteworthy for her thorough and unconventional characterization, especially of female figures; her uninhibited language and treatment of taboo subjects (in *Maria Arndt*, certainly the only play of the time to show such a scene, pubescent Gemma is fully informed of the sexual act and the facts of procreation by her mother); and her great attention to realistic detail (for her Greek tragedy *Themistokles* [1896], she did extensive research, learned ancient Greek, and traveled to Greece to visit the sites she described in the drama). A frequent subject of her plays is the culturally sanctioned oppression of women; her female figures are often torn between adherence to social norms and desires for personal autonomy. Bernstein's insistence on a realistic portrayal of her contemporary society is partly expressed in the fact that most of her autonomous heroines are forced back into conventional roles or uphold them voluntarily. The ambivalence and compromising nature of her dramatic endings has disappointed traditional and feminist critics alike. Her greatest success was *Königskinder*, largely due to the incidental music written for the play by Engelbert Humperdinck, who also rewrote the play as an opera. Bernstein experimented with many forms; her use of style defies analysis in terms of chronological or linear development: she worked simultaneously on her naturalistic drama *Wir Drei* and on her neoromantic fairy tale *Königskinder*; her play *Maria Arndt*, a return to the naturalistic style long after the movement had ended, falls between her neoclassic tragedies *Nausikaa* and *Achilles*.

Her early reception was largely influenced by her choice of genre—as a playwright, she wrote in a genre that at the time was considered the most masculine—and by her readiness to discuss taboo subjects on the stage, occasionally in highly controversial or unconventional terms. Early reviews of her drama *Dämmerung* were unanimously enthusiastic; famous critics like Alfred Kerr and

Paul Schlenther celebrated her as a new and innovative voice in contemporary drama. Already at the turn of the century, however, her reception began to wane: Adolf Bartels granted her a short and laudatory paragraph (1904); Rudolph Lothar, writing in 1905, subjected her to a highly gendered critique. In a later literary history (1916; Soergel), she is upbraided for the "Geschmacklosigkeit" of her themes (359) but still discussed with some interest; in the nineteenth edition of the same work (1928), she is dismissed as common and unexciting ("Erscheinungen wie Ernst Rosmer gibt es zu allen Zeiten, sie waren nie häufiger als in unseren Tagen" [405]). In a revised edition of the same work (1961), the chapter on Bernstein is cut entirely and replaced with a mere paragraph:

> In München lebte der Dramatiker Max Bernstein; seine Frau Elsa Porges schrieb unter dem Pseudonym Ernst Rosmer. Man staunt, dass eine Frau so drastische Stücke schreiben mochte. . . . Alfred Kerr hat sich für Ernst Rosmer begeistert, aber er hat sich geirrt.
>
> (Soergel and Hohoff 223)

With other literary critics, a similar progression occurs: Robert Arnold, for example, considered Elsa Bernstein "eine der wenigen hervorragenden Dramatikerinnen der deutschen wie der Weltliteratur" as late as 1912 (304). In a 1925 edition of his work, Bernstein's dramas are dismissed largely because of the author's gender: "Dieser reich begabten Dichterin fehlt (und das ist wohl eine charakteristisch weibliche Schwäche) überhaupt jene konzentrierte Geistigkeit . . . ohne die eine eigentliche dramatische Wirkung nicht sein kann" (691).

While there can be no question that Bernstein's femaleness had a considerable and lasting effect on her reception, her reception as a Jewish author in Germany is less clear-cut. Her Jewish background is not a factor in any of her early reviews; the bulk of her literary activity occurred twenty-three years before Hitler came to power. She remained highly regarded in Munich's literary circles even at the point in time when it became dangerous to associate with Jews. There is no evidence that her works were burned or banned during the Third Reich: *Königskinder* was performed on German stages as late as 1943—one year after the author's deportation to Theresienstadt. The attack on her during the Nazi era was directed more at the author than at her works: she and Gabriele were evicted from their apartment and thus forced to discontinue the literary salon that had been a meeting place for numerous famous authors and musicians of the era, including Ludwig Ganghofer, Hugo von Hofmannsthal, Ricarda Huch, Richard Strauss, Rainer Maria Rilke, Gerhart Hauptmann, Theodor Fontane, Ludwig Thoma, Henrik Ibsen, Frank Wedekind, and Thomas Mann (who met his future wife, Katja Pringsheim, through Elsa Bernstein's mediation). Later, after her incarceration in the concentration camp, Bernstein's writing was curbed to such a degree that literary activity became impossible.

Her posthumous reception, until a somewhat erratic Bernstein revival since the 1990s, has been scant, consisting of two dissertations devoted to her, in 1923 and 1952 (Wiener; Kriwanek); a few dissertations and articles in which she appears alongside other authors (see Ametsbichler; Emonds; Gleibs; Novak; Pierce); one scholarly monograph, in 1985 (Zophoniasson-Baierl); translations of four of her plays (*Twilight*, trans. Grummann, 1912; *Kingly Children*, trans. Meltzer, 1910; *John Herkner*, trans. Harned, 1911; and *Maria Arndt*, trans. Kord, 1996); and one recent performance—of *Maria Arndt*, in an unpublished translation by Curt Columbus based on Kord's 1996 translation, at the Steppenwolf Theater in Chicago (Feb.–Mar. 2002).

Assimilation and Survival: Elsa Bernstein's Jewishness

Although of Jewish descent, Elsa Bernstein grew up as a devout Protestant and considered herself both a Christian and part of the bourgeois educated elite, the *Bildungsbürgertum*, whose claims to cultural superiority were symbolized in the works of Richard Wagner, among Germany's most anti-Semitic composers. When she, who defined herself as a Protestant Wagnerian, was incarcerated for being a Jew and non-German in 1942, she was accorded VIP status a few weeks after her arrival and transferred from overcrowded barracks to a *Prominentenhaus*. This transfer almost certainly saved her life: as a *Prominente*, Bernstein had privileged status, which meant higher food and water rations, the permission to receive one parcel per month, the permission to write once every eight days, and relative safety (*Prominente* were not included in transports to the East, although there were exceptions to this rule). Only fourteen percent of all Theresienstadt inmates survived— and only four percent of all Jews who were deported east from Theresienstadt. The estimated survival rate among VIPs in the same camp was eighty-four percent. Bernstein received this privileged status through the intervention of

Winifred Wagner, Richard Wagner's daughter-in-law, the woman who made the *Festspiele* in Bayreuth a vehicle of Nazi propaganda, who was close friends with Hitler himself, and who was even rumored to have been a serious marriage possibility for him. Bernstein's life in the concentration camp was thus full of paradox: she frequently and openly expressed her utter disgust with Hitler, but she consorted with National Socialists and Nazi sympathizers and shared their view of Jews as a race rather than a religious community. While her memoirs describe the mass murder of the Jews in no uncertain terms ("der eiskalt berechnete Massenmord der Vergasung" [*Das Leben* 156]), they are also replete with descriptions of Jewish racial characteristics: she once remarked—in terms she clearly intended to be complimentary—that her husband, Max Bernstein, did not have Jewish features. Even in Theresienstadt, she remained part of the cultural elite: of the 409 lectures that were given during her three years there, two were by her (one on the subject of Christianity). She maintained a safe distance from Jewishness, emphasizing her unfamiliarity with basic Yiddish terms like *treyf*, referring to the people selected for transports as "die Juden," and frequently expressing her fears of having to consort with this "Gesindel" (153). Both Elsa Bernstein and Gerty Spies considered insignificant the relief they experienced due to their VIP status and repeatedly stated this in their respective memoirs. Yet that attitude was belied by Bernstein's experience: VIPs were given not only basic privileges that improved their chances for survival, such as higher food rations, but also treatment that preserved human dignity, such as the right to keep clean. In her Theresienstadt memoirs she writes:

Und die Wasserleitung funktioniert. Das Klo zum W.C. erhoben. Und in jedem Vorraum ein Hahn mit Ablauf. Verkündet wird: jeden Sonntag vormittag darf im Keller in der Waschküche der Kessel angeheizt werden, die Damen können waschen. Auch die Herren, wenn sie Lust haben, wird als Witz hinzugefügt. Ja, es geht uns gut, uns Prominenten, und es ist zu begreifen, daß wir von den übrigen Ghettobewohnern reichlich beneidet und sogar etwas gehaßt werden. (*Das Leben* 68)

Incredibly, the VIPs of Theresienstadt even enjoyed occasional cultural events: Bernstein attended cabaret and opera performances while in the camp and kept a personal reader for some of her time there. Both her reviews of these performances and her frequently condescending comments on non-VIP Jews indicate clearly that she identified herself as an upper-class German, saw her classification as Jewish as the ultimate attack on her identity, and sought to defend herself by becoming the center of a culturally elite group. The VIPs of Theresienstadt continued to use titles from their former lives, addressing themselves formally as Professor, Your Excellency, or Countess; nonprominent Jews were not even allowed to visit. While this strategy undoubtedly helped Bernstein survive and daily maintain her dignity—both Spies in *My Years in Theresienstadt* and Ruth Klüger in *Weiter leben* have described at length the processes of writing to survive and dissociation—it must also have aided the Nazis in their presentation of the camp as a benevolent institution designed only to separate Jews from Germans. Theresienstadt was the site of the Nazi propaganda film *Der Führer gibt den Juden eine Stadt*, whose Jewish director was deported to Auschwitz immediately after its completion. When Theresienstadt was promoted to the status of concentration camp (from a ghetto), it became a display piece for a Red Cross visit, proving to the international community how magnanimously Hitler's Germany treated Jews—with the help of Jewish artists and musicians who were later murdered in Auschwitz.

Elsa Porges, Elsa Bernstein, Ernst Rosmer, L-126, Obliterated: What's in a Name?

Like many other eighteenth-to-early-twentieth-century women writers, Elsa Bernstein chose a male pseudonym. "Ernst Rosmer," adapted from Henrik Ibsen's *Rosmersholm* (1886), defined her as a disciple of one of the major playwrights of her time and simultaneously allied her with the German naturalist movement, which was centrally indebted to Ibsen's dramatic work. Whereas most other women writers upheld their anonymity or pseudonymity, many throughout their writing careers, Bernstein had her pseudonym dismantled very early, in Schlenther's essay on Bernstein in the 1893 issue of the *Magazin für Litteratur*. His essay marks one of the most significant moments in her career, for the demolition of her disguise (without the author's consent) is clearly the purpose of his essay:

> Die Dame nennt sich noch Ernst Rosmer. Ihr wahrer Name wird aber nicht lange unbekannt bleiben, und so weit er in die Welt dringt, so weit wird man nach einem zweiten weiblichen Dramatiker von dieser Kraft und Innigkeit vergeblich suchen. . . . Ernst Rosmer oder (fort mit der Maskerade) Frau Elsa Bernstein ist unter den Berufensten eine Auserwählte. (223)

Schlenther, the author of a monograph on Luise Gott-sched, who was considered the first German woman playwright, saw the end of Bernstein's masquerade as the beginning of a new literary epoch, one that featured, for the first time, a female dramatist worthy of note. The identity of the famous Ernst Rosmer soon became an open secret: Kerr, in a review of the 1895 performance of *Tedeum*, sarcastically describes Elsa Bernstein's stepping in front of the curtain and taking a bow on behalf of Ernst Rosmer. But the obliteration of Bernstein's pseudonym had an unforeseen effect on her reception: it revealed her gender identity, thus exposing her plays to sexist critique, but it did not result in a link between her work and her personal identity, thus robbing the author of public acknowledgment of her work. Rudolph Lothar's 1905 critique, in which he consistently refers to the author as Frau Rosmer, is a fairly typical example:

> Frau Rosmer kann mit Stolz von sich sagen, daß sie das erste Weib ist, dessen dramatisches Wirken Ernst genommen wird. . . . Es ist eine merkwürdige Tatsache, dass die dichtende Frau so schwer zur Bühne sich durchdringt. Aber auch aus den Werken der Rosmer lässt sich diese Tatsache erklären. Der Frau fehlt, weil ihr immer die ökonomische Selbständigkeit unterbunden war, der Sinn, das Verständnis fürs Aktive. Sie kann zwischen Tun und Handeln nicht unterscheiden. . . . Auch Frau Rosmer geht – freilich unbewußt – von der Lyrik aus. Denn was Aktion heisst, weiss sie nicht, trotz ihrer Dramen. Ihre Helden sind alle passiv im dramatischen Sinne, wenn sie auch alles Mögliche unternehmen. Immer ist es das Weib oder besser gesagt, die im Weib verkörperte Lyrik, die das Bestimmende ist. (165)

Lothar's summary dismissal of Bernstein's dramas as feminine ("Die Weibnatur der Frau Rosmer ist ihre Kraft und ihre Schwäche . . . sie will uns Passivität für Aktion vortäuschen" [167]) is both the consequence of and answer to Schlenther's triumphant unveiling of the new female voice in naturalist drama. It also demonstrates the dilemma in which most women writers of the age found themselves: when writing, particularly writing for the stage, was considered unfeminine, a pseudonym offered the possibility to become known as an author while remaining unknown as a person. Lothar's critique perverts both these aspects into their opposites: while presenting Bernstein's gender as a handicap for her work, it continues to withhold from the author, in its perfidious renaming of her as Frau Rosmer, the acknowledgment for her work that other women writers obtained by relinquishing their gender anonymity.

The proliferation of names coupled with the inability to determine one's own name can be interpreted as one of the most defining aspects of a subjugated person (or people). Barbara Hahn forcefully makes this point in her analysis of the naming and renaming of Jews during the Third Reich: Jewish men were forced to assume "Israel" and Jewish women "Sara" as a middle name so they could be instantly identified as Jews. Literary history has shown that major male writers are usually identified by a single name (Goethe, Schiller, Lessing, etc.) whereas the names of women writers are legion (e.g., Caroline Dorothea Albertine Schlegel-Schelling, née Michaelis, formerly Schlegel, widowed Böhmer; or the 21 pseudonyms of Katharina [Kathinka] Rosa Therese Pauline Modesta Zitz-Halein).

The plethora of names for women writers (maiden names; married names; divorce names; double names; and often several pseudonyms, both male and female) and the uncertainty about how to designate the author (with the name of her first husband? the name of her last husband? the name under which she wrote the most? the name under which she became most famous?) has undoubtedly affected the reception of women writers until deep into the twentieth century. The naming difficulty has also affected the availability of biographical information, the availability of women's texts, and the canonization of women's works throughout literary history.

Bernstein's names can thus be seen as a mark of inferiority—of author or of person—and as a means of obliterating Bernstein—as author or as person—several times throughout her life. To avoid the common assumption that women make poor playwrights, she chose a male pseudonym before embarking on her writing career. In reviews, her pseudonym was revoked, without her consent, to enable the gendered critique of her plays. In Theresienstadt, her name was replaced by a designation: L-126, Kategorie A, Prominent. And in death, her name was finally obliterated: Elsa Bernstein's urn was buried in her father's grave; their common tombstone lists only one name: Heinrich Porges.

About the Play

Dämmerung, written at a time when women were still barred from German universities, features the first female doctor to enter the German stage—a daring feat even given the iconoclasm of contemporary drama. Sabine Graef is a highly competent ophthalmologist who is called in to treat Isolde Ritter and in so doing must face the prejudices of Isolde's father against educated women. The composer Heinrich Ritter considers university study for women "modernes Sauzeug" and women in general mentally retarded: "Wie kann denn so ein Unterrock Verstand haben. Fingerhutverstand – höchstens." When Sabine proves otherwise through her competent treatment of his daughter, Ritter and Sabine fall in love. Their affair begins her slow slide into conformity with Ritter's ideas of femininity: "Machen Sie doch nicht so ein weises Gesicht. Es steht Ihnen viel besser, wenn Sie ein bißchen erschreckt aussehen und dumm." Sabine takes voice lessons from him and allows him to tyrannize her until little is left of her self-confidence. When she is offered a prestigious research position in Berlin, he proposes marriage, to which she reacts by fainting with joy and which she accepts, filled with "namenlosem Glück," after he has assured her that she is "gut genug" for him. With the nameless bliss, she experiences a lethargy that permits her to give up her vocation in medicine and let herself be forced, even beaten, into marriage:

RITTER: Ist das nun nicht hunderttausendmal schöner als die ganze lumpige Medizinkomödie?
SABINE (*den Kopf an seine Schulter gelegt*): Schöner – ist es.
RITTER: Ich werde dich lehren glücklich sein. Schläge kriegst du, wenn du nicht glücklich bist. Und den Verstand treib' ich dir aus.
SABINE: Ich will ganz dumm werden – ganz glücklich dumm.

It seems that this is the happy ending the play prepares us for: Sabine giving up her job—"Meine Braut ist eine

Dame, kein Doktor"—and submitting to Heinrich as both her husband and her teacher of music: "Du hast noch viel zu lernen, mein Kind. Und nun Takt halten. Eins zwei – eins zwei –"

The wedded bliss fails because of the daughter's jealousy. Isolde, who throughout the play makes every effort to keep her father with her, finally succeeds when she attempts suicide and goes blind in the process. On the day before her departure for Berlin, Sabine makes one last effort to save her love: she pleads with Ritter to take her into his house as an unpaid housekeeper, without marrying her. "Ich will meinen Beruf aufgeben. Ganz. Ich will mit dir gehen – und sie pflegen. Ich will gar nichts für mich brauchen. Ich will so sparsam sein. Ich will alles thun, was sie will. Nur daß ich bei dir bin. Nur daß ich bei dir bin." Ritter refuses her offer, because he foresees that this is an arrangement that Isolde would be unable to live with.

Dämmerung is, to my knowledge, the first play written in Germany that takes seriously women's capacity for university education and professional vocation, but it nonetheless clearly juxtaposes, in the play's conclusion, woman's professionalism and intellectualism with domestic happiness. At the beginning of the play, Sabine is portrayed as competent, universally respected, an expert in her field—but not as happy. She considers her vocation not as a source of contentment but exclusively as a service to others that demands the sacrifice of her own happiness and wishes. The final scene makes abundantly clear that happiness to her would have meant marriage to Ritter, an arrangement that would have forced her to become "glücklich dumm." For Sabine, the tragedy at the end of the play is her forced return to the medical profession after she has known the "namenloses Glück" of her affair with Ritter.

The author's rather crass wording "glücklich dumm" can be read not as an expression of sarcasm but as a fair description of the female dilemma in the 1890s: in the world portrayed in *Dämmerung*, a woman can be educated or married, intelligent or happy, but not both. It does not take much imagination to picture how a female spectator, possibly a woman who was considering emigration to Switzerland or the United States to obtain a university education, might have been affected by a performance of this play.

The play is rife with clearly autobiographical connections, which should be noted but resisted as a basis for an interpretation of the play. Isolde in *Dämmerung* is, like Elsa Bernstein, the daughter of a renowned composer and Wagner enthusiast who moved from Vienna to Munich. Both men share the same first name—Heinrich—and Heinrich Ritter's love of Liszt could be read as an allusion to the persistent rumor that Heinrich Porges, Bernstein's father, was an illegitimate son of that composer. Isolde's decidedly Wagnerian first name—we are led to believe that she was named after the heroine of *Tristan und Isolde*—is easily decipherable as an allusion to the author's own first name: Elsa is another notable heroine from a Wagner opera, *Lohengrin*. And like Isolde, Elsa Bernstein had a severe eye disease as a young girl that forced her to take to her bed for a number of years and finally left her completely blind around 1920. Even the names of the characters in the play can be read in rather obvious terms: by his name Heinrich Ritter (*der Ritter*) is defined both as a character from a distant, mythical past—witness his conversation with Sabine, in which he idolizes the Middle Ages—and as someone who at first gallantly, in the end forcibly, spends his life in the service of Isolde, the Wagnerian damsel in distress. These hints notwithstanding, the autobiographical aspects of the play should be taken not as an allusion to Bernstein's life and family but rather as part of the play's aesthetic approach. Two aspects of naturalist drama may help us read the autobiographical allusions throughout the play in a different manner: first, the naturalist theory that art and literature should depict every appearance of the subject exactly as it is found in nature; second, the naturalist belief that heredity and environment play a crucial part in character development.

One of the most pervasive themes in German naturalism is the relation between art and nature, more specifically art (esp. literature) and the natural sciences. Scientific and technological progress was one of the most defining aspects of the second half of the nineteenth century, and to some extent this progress resulted in the questioning of the relevance of art and also of literature. The natural sciences sought to explain the world through applications of natural law and discoveries of cause and effect. Charles Darwin, in *Origin of Species* (1859) and *The Descent of Man* (1871), laid the foundation for later works on heredity and environment as central factors in the evolution of any, including the human, species. Hippolyte Taine developed, in the newly established discipline of sociology, a thesis that would become central for naturalist thought: that humans are determined by their *race* (genetic heritage), their *temps* (historical era) and their *milieu* (social circumstance). In order to safeguard the relevance of the arts in a time of scientific discovery, the naturalists sought to integrate scientific methods and approaches into art and literature—a programmatic tendency that later became known as the *Verwissenschaftlichung der Kunst*. In his book *Die naturwissenschaftlichen Grundlagen der Poesie* (1887), Wilhelm Bölsche redefines authors as experimenters and their work as a "poetisches Experiment," an aspect that he saw as central and defining for naturalist writing (8). Thus art becomes science; the artist becomes a scientist; and the business of art and literature now is to provide an objective and realistic view of human life, to analyze human beings and the human condition in the same detached manner as a biologist would analyze bacteria under a microscope.

Bernstein's drama *Dämmerung* can be read, as Astrid Weigert has already done, both as an exemplification of naturalist theory and as a rather critical commentary on one of its central tenets, the treatment of art as science. That the play presents, in reverse gender constellation, a male artist (Ritter) and a female scientist (Sabine) makes explicit a problem that does not appear in the naturalist debate on art and science but still plays an important part in that debate: women were not permitted to attend German universities, and science around the turn of the century was an exclusively male domain. Thus the naturalist call for the scientification of art can, as Weigert has pointed out, be indirectly understood as a call for the masculinization of art.

Dr. Sabine Graef's discipline, medicine, figures prominently in naturalist aesthetics, which purported—for example, in the theories of Emile Zola (*"Experimental Novel"* and *Thérèse Raquin*), that both medical doctors and literary authors based their work on exact observation, diagnosis, and experimentation. Isolde's visual impairment and ultimate blindness and Dr. Graef's profession as ophthamologist and eye surgeon can both be seen as commentaries on naturalist aesthetics, in which seeing and observing form the basis for recognizing the truth. The play's title connotes limitation of vision and vagueness, which stand in stark contrast to the naturalist desire for precision of vision. It is no accident that Dr. Graef, despite her strictly scientific demeanor and her obvious competence, is unable to determine the cause of Isolde's illness. While observation, analysis, and diagnosis are part of her work, they do not constitute its ultimate purpose. She criticizes the highly experimental treatment to which Isolde was subjected before her arrival (the mercury injections) and ultimately offers her services as an unpaid nurse—that is, she is willing to reduce herself to a medical existence that places the emphasis on healing and caretaking rather than on diagnosis, experimentation, research, and treatment.

Heinrich Ritter, the play's artist, represents Dr. Graef's opposite not only in the art-science debate but also in another debate among naturalists, who considered themselves proponents of modern art. Enthusiasm for Wagner and Liszt characterizes Ritter as part of the old school. He is uncomfortable with modern music and lives in the past; he refers all the important moments in his life—his marriage, his wife's death, Isolde's birth, and the beginning of Isolde's disease—to long-past musical events such as opera premieres. Thus the opposition between Sabine and Ritter is also that between progressive thinking and apathetic nostalgia. As the play develops, it becomes clear that his artistic influence on her is considerably stronger than her scientific influence on him: Ritter, Carl (a family friend), and Isolde all view Sabine's intellectualism as one-sided and criticize her, though she holds a university degree and during the play receives an award for her research, as uneducated in the sense of the German *Bildungsbürgertum*, whose claims to cultural superiority over and contempt for the working members of society are here, interestingly enough, epitomized in Ritter's Wagner enthusiasm. Conversations throughout the play reveal that Sabine has not received the upper-tier bourgeois education that was designed to make girls attractive to men of the same class: a smattering of languages, musical and artistic knowledge, and conversational skills aiming at the entertainment of a prospective suitor. Sabine does not know the works of Wagner and is unfamiliar with standard paintings and sculptures; she does not draw, sing, or play an instrument. Although she subjects herself to just such an education—she takes voice lessons from Ritter—her scientific orientation has little influence on the composer, who remains skeptical toward science in general and medicine in particular to the end of the play, despite Sabine's success in treating Isolde. He is particularly opposed to Sabine's efforts to find the origins of the disease, because they might implicate his conduct (in 1999, a Hamburg ophthamologist, Alexander Bialasiewicz, diagnosed Isolde's disease as described in the play as caused by parental syphilis [Bake and Kiupel 17]). Ritter views her failure to find the cause as proof that science is ultimately unable to explain all aspects of life.

In the final analysis, one could read the play, with Weigert, as a critical commentary on the aesthetic tenets of the naturalist movement, for it seems that Bernstein opposes one of the movement's most central ideas, the scientification of art, as untenable. Both Ritter's refusal of all scientific ideas—even as he profits from them—and the separation of the two central characters at the end of the play point in this direction: Sabine Graef the scientist and Heinrich Ritter the artist coexist at the end of the play as alternatives, but neither learns from the other. Ritter's refusal to adopt Sabine's scientific viewpoint remains adamant to the end. And Sabine's attempts to adapt to the artistic realm (through her voice lessons, her interest in Ritter's music, and her attempt to replace her objective and professional demeanor with more emotive qualities) are rejected unequivocally. Thus Bernstein, while adopting the style and themes of naturalist drama, opposes its aesthetic foundation, for in her dramatic world, science and art remain incompatible.

Note

The play in German is available at several university libraries and archives in Germany and at five libraries in the United States. The text, from an 1894 reprint of the original edition (published by Fischer Verlag in Berlin), retains the original orthography.

Works Cited and Consulted

Ametsbichler, Elizabeth Graff. "Society, Gender, Politics, and Turn-of-the-Century Theater: Elsa Bernstein (ps. Ernst

Rosmer) and Arthur Schnitzler." Diss. U of Maryland, College Park, 1992.

Arnold, Robert. *Das moderne Drama.* Straßburg: Trübner, 1912. Munich: Beck, 1925.

Bake, Rita, and Birgit Kiupel. "Königskinder im Salon: Zum Leben und Schaffen Elsa Bernsteins alias Ernst Rosmers." Bernstein, *Das Leben* 11–40.

Bartels, Adolf. *Die deutsche Dichtung der Gegenwart: Die Alten und die Jungen.* Leipzig: Avenarius, 1904.

[Bernstein, Elsa]. *Dämmerung: Schauspiel in fünf Akten: Von Ernst Rosmer.* Berlin: Fischer, 1893.

———. *Das Leben als Drama: Erinnerungen an Theresienstadt.* Ed. Rita Bake and Birgit Kiupel. Dortmund: Ebersbach, 1999.

———. *Maria Arndt: A Play in Five Acts.* Trans. Susanne Kord. Kelly 84–107.

———. *Twilight: Drama in Five Acts: By Ernst Rosmer.* Trans. Paul H. Grummann. *Poet Lore* 23 (1912): 369–443.

Bölsche, Wilhelm. *Die naturwissenschaftlichen Grundlagen der Poesie: Prolegomena einer realistischen Ästhetik.* Tübingen: Niemeyer, 1976.

Darwin, Charles. *The Descent of Man, and Selection in Relation to Sex.* Introd. John Tyler Bonner and Robert M. May. Princeton: Princeton UP, 1981.

———. *On the Origin of Species by Means of Natural Selection; or, The Preservation of Favoured Races in the Struggle for Life.* New York: Heritage, 1963.

Emonds, Friederike Bettina. "Gattung und Geschlecht: Inszenierungen des Weiblichen in Dramen deutschsprachiger Theaterschriftstellerinnen." Diss. U of California, Davis, 1993.

Garland, Henry, and Mary Garland. "Elsa Bernstein." *The Oxford Companion to German Literature.* Ed. Garland and Garland. Oxford: Oxford UP, 1997. 80.

Giesing, Michaela. "Theater als verweigerter Raum: Dramatikerinnen der Jahrhundertwende in deutschsprachigen

Ländern." *Frauen—Literatur—Geschichte*. Ed. Hiltrud Gnüg and Renate Möhrmann. Stuttgart: Metzler, 1985. 240–59.

———. "Verhältnisse und Verhinderungen: Deutschsprachige Dramatikerinnen um die Jahrhundertwende." *Frauen—Literatur—Geschichte: Schreibende Frauen vom Mittelalter bis zur Gegenwart*. Ed. Hiltrud Gnüg and Renate Möhrmann. 2nd ed. Stuttgart: Metzler, 1999. 261–78.

Gleibs, Yvonne. "Juden im kulturellen und wissenschaftlichen Leben Münchens in der zweiten Hälfte des 19. Jahrhunderts." Diss. U of Munich, 1981.

Hahn, Barbara. *Unter falschem Namen: Von der schwierigen Autorschaft der Frauen*. Frankfurt: Suhrkamp, 1991.

Hamann, Brigitte. *Winifred Wagner oder Hitlers Bayreuth*. Munich: Piper, 2002.

Kelly, Katherine, ed. *Modern Drama by Women, 1880s–1930s: An International Anthology*. London: Routledge, 1996.

Kerr, Alfred. "Ernst Rosmer." *Das neue Drama: Die Welt im Drama*. Vol. 1. Berlin: Fischer, 1917. 315–18.

———. "Ernst Rosmer: *Königskinder*." *Das neue Drama: Die Welt im Drama*. Vol. 3. Berlin: Fischer, 1917. 166–69.

Klüger, Ruth. *Weiter leben: Eine Jugend*. Göttingen: Wallstein, 1992.

Kord, Susanne. "Bernstein, Elsa (1866–1949)." *Modern Germany: An Encyclopedia of History, People, and Culture, 1871–1990*. Vol. 1. Ed. Dieter K. Buse and Jürgen C. Doerr. New York: Garland, 1998. 102–03.

———. "Elsa Bernstein (Ernst Rosmer), 1866–1949." Kelly 80–83.

———. "Die Gelehrte als Zwitterwesen in Schriften von Autorinnen des 18. und 19. Jahrhunderts." *Querelles: Jahrbuch für Frauenforschung* 1 (1996): 158–89.

Kriwanek, Gerhard. "Das dramatische Werk von Elsa Bernstein." Diss. U of Vienna, 1952.

Lorenz, Dagmar C. G. *Keepers of the Motherland: German Texts by Jewish Women Writers*. Lincoln: U of Nebraska P, 1997.

————. *Verfolgung bis zum Massenmord : Holocaust-Diskurse in deutscher Sprache aus der Sicht der Verfolgten*. New York: Lang, 1992.

Lorenz, Dagmar C. G., and Gabriele Weinberger, eds. *Insiders and Outsiders: Jewish and Gentile Culture in Germany and Austria*. Detroit: Wayne State UP, 1994.

Lothar, Rudolph. *Das deutsche Drama der Gegenwart*. Munich: Müller, 1905.

Novak, Sigrid Gerda Scholtz. "Images of Womanhood in the Works of German Female Dramatists, 1892–1918." Diss. Johns Hopkins U, 1973.

Pierce, Nancy Jean Franklin. "Woman's Place in Turn-of-the-Century Drama: The Function of Female Figures in Selected Plays by Gerhart Hauptmann, Frank Wedekind, Ricarda Huch, and Elsa Bernstein." Diss. U of California, Irvine, 1988.

Schlenther, Paul. *Frau Gottsched und die bürgerliche Komödie: Ein Kulturbild aus der Zopfzeit*. Berlin: Hertz, 1886.

————. "Was kann dich in der Dämmerung so ergreifen?" *Magazin für Litteratur* 62 (1893): 222–23.

Soergel, Albert. *Dichtung und Dichter der Zeit*. 1916. 19th ed. Leipzig: Voigtländer, 1928.

Soergel, Albert, and Curt Hohoff. *Dichtung und Dichter der Zeit*. 2nd ed. Vol. 1. Düsseldorf: Bagel, 1961.

Spies, Gerty. *My Years in Theresienstadt: How One Woman Survived the Holocaust*. Trans. Jutta R. Tragnitz. Amherst: Prometheus, 1997.

Taine, Hippolyte. *Histoire de la littérature anglaise*. 4 vols. Paris: Hachette, 1863–64.

Weigert, Astrid. "Schriftstellerinnen als Ästhetikerinnen in Romantik und Naturalismus am Beispiel von Dorothea Schlegel und Elsa Bernstein." Diss. Georgetown U, 1999.

Wiener, Kurt. "Die Dramen Elsa Bernsteins (Ernst Rosmers)." Diss. U of Vienna, 1923.

Zola, Emile. *"The Experimental Novel" and Other Essays*. New York: Haskell, 1964.

———. *Thérèse Raquin*. Paris: Calmann, 1909.

Zophoniasson-Baierl, Ulrike. *Elsa Bernstein alias Ernst Rosmer: Eine deutsche Dramatikerin im Spannungsfeld der literarischen Strömungen des Wilhelminischen Zeitalters*. Berne: Lang, 1985.

BIBLIOGRAPHY OF BERNSTEIN'S WORKS

In German

"Abschied." Poem. *Jugend* 19 (1914): 1354.

Achill: Tragödie in drei Akten von Ernst Rosmer. Berlin: Fischer, 1910.

"Achtzig Jahre." Poem. Gleibs 236.

"Der Alltag." Poem. Gleibs 235.

"Der alte Baum." Poem. *Jugend* 22 (1917): 522.

"Die alte Frau." Dramatic novella. Unpublished. 1926.

"Aphorismus." Poem. *Das XXVte Jahr.* Berlin: Fischer, 1911. 317.

"April." Poem. *Jugend* 16 (1911): 511.

"August-Mittag." Poem. *Jugend* 11 (1906): 894.

"Bärbel." Poem. Gleibs 235.

"Der Bauer und das Prinzeßchen." Tale. *Neue deutsche Rundschau* 6.1 (1895): 262–73.

"Bernstein, Frau Elsa (Ernst Rosmer)." Autobiographical sketch. *Geistiges und künstlerisches München in Selbstbiographien.* Ed. W. Zils. Munich: Kellerer, 1913. 24–25.

Briefe der Frau Elsa an den Soldaten Franz. Letters dated 1939–42. Ed. F. v. Wesendonk. 2nd ed. Mittenwald, 1977.

"Caprice." Novella. *Magazin für Litteratur* 62 (1893): 14–17.

"Corriger l'amour." Novella. *Madonna* 27–93.

"Dagny: Drama." Manuscript. 1900.

Dämmerung: Schauspiel in fünf Akten: Von Ernst Rosmer. Berlin: Fischer, n.d. [1893].

"Deutsche Ehe." Poem. *Kriegsmappe des SDS.* Ed. Peter Behrend and Richard Dehmel. Berlin: Deutscher Kurier, 1916. 79.

"Der deutsche Sieg." Poem. *Almanach dem Verein für Kinder-Volksküchen und Volks-Kinderhorte e. V. gewidmet von hervorragenden Frauen und Männern Deutschlands.* Berlin: Feyl, 1914. 53.

"Ehe: Drama." Manuscript. 1914.

"Elsa Bernstein (Ernst Rosmer)." Autobiographical sketch. *Bildende Geister: Unsere bedeutendsten Schriftsteller der Gegenwart und Vergangenheit in charakteristischen Selbstbiographien.* Vol. 1. Ed. Fritz Abshoff. Berlin: Oestergaard, 1905. 18.

"England." Poem. *Jugend* 19 (1914): 1068.

"Erblindend." Poem. *Magazin für Litteratur* 21 (1891): 335.

"Erkennung: Komödie." Play in manuscript. N.d.

"Erlebnis." Novella. *Süddeutsche Monatshefte* 26 (1928–29): 3–5.

"Es war einmal." Poem. *Frühlingszeit: Eine Lenzes- und Liebesgabe unsern erwachsenen Töchtern zur Unterhaltung und Erhebung gewidmet von den deutschen Dichterinnen der Gegenwart.* Ed. Bertha von Suttner. Berlin: Globus, 1896. 207–08.

"Euch." Poem. Gleibs 238.

"Die Freundinnen: Komödie." Manuscript. 1909.

"Frühlingsmorgen." Poem. *Licht und Schatten* 3 (1913).

"Dem 'Führer.'" Poem. Dated 3 May 1945. Gleibs 114–15.

Gleibs, Yvonne. "Juden im kulturellen und wissenschaftlichen Leben Münchens in der zweiten Hälfte des 19. Jahrhunderts." Diss. U of Munich, 1981.

"Grabschrift." Poem. Gleibs 238.

"Herbstfäden." Poem. *Jugend* 3 (1898): 148–49.

"Herbstveilchen." Poem. *Jugend* 2 (1897): 709.

"In der Mauernstrasse." Novella. *Madonna* 115–36.

Johannes Herkner: Schauspiel von Elsa Porges (Ernst Rosmer). Berlin: Fischer, 1904.

"Johannes Kepler: Drama." Manuscript. 1926.

"Kletten im Garten." Poem. Gleibs 237.

Königskinder: Ein deutsches Märchen in drei Akten von Ernst Rosmer. Berlin: Fischer, 1894.

"Kummer." Poem. Gleibs 236–37.

Das Leben als Drama: Erinnerungen an Theresienstadt. Dortmund: Ebersbach, 1999.

Letters to Hermann Beuttemüller (dictations taken by Gabriele Porges), from 1 Aug. 1908 to 9 Dec. 1929. Deutsches Literaturarchiv / Schiller-Nationalmuseum, Marbach a. N.

Letters to Hermann Sudermann, from 21 Feb. 1902 to 25 Sept. 1927. Deutsches Literaturarchiv / Schiller-Nationalmuseum, Marbach a. N. (Cotta-Archiv).

"La Madeleine." Poem. *Jugend* 17 (1912): 1599.

"Madonna." Novella. *Madonna* 5–24.

Madonna: Novellen: Von Ernst Rosmer. Berlin: Fischer, 1894.

"Mädchensommer." Poem. *Jugend* 3 (1898): 360.

Mädchensommer: Für eine Singstimme und Pianoforte (op. 80). Augsburg: Böhn, 1913.

"Das Märchen vom Leid." Tale. *Meisternovellen deutscher Frauen.* Vol. 1. Ed. Ernst Brausewetter. Leipzig: Fock, 1907. 289–99. *Im Nonnengarten: An Anthology of German Women's Writing, 1850–1907.* Ed. Michelle Stott and Joseph O. Baker. Prospect Heights: Waveland, 1997. 331–39.

"März." Poem. *Jugend* 10 (1905): 219.

Maria Arndt: Schauspiel in fünf Akten von Ernst Rosmer. Berlin: Fischer, 1908.

"Merete: Schauspiel." Manuscript. 1902.

"Michel." Novella. Manuscript. Ca. 1913.

"Milost Pan." Novella. *Madonna* 139–73.

"Eine Mutter." Poem. *Deutsche Dichtung* 13 (1892–93): 161.

Mutter Maria: Ein Totengedicht in fünf Wandlungen von Ernst Rosmer. Berlin: Fischer, 1900.

Nausikaa: Tragödie von Ernst Rosmer. Berlin: Fischer, 1906.

"Neugriechisches Volkslied von der Insel Karpathes, deutsch von Ernst Rosmer." Song translation. *Licht und Schatten: Wochenschrift für Schwarzweisskunst und Dichtung* 1.3 (1910).

"Notre Dame." Poem. *Licht und Schatten* 3 (1913).

"Platonisch." Novella. *Madonna* 95–113.

"Requiem: Eine Phantasie." Manuscript. 1922.

Schicksal: Schauspiel. Berlin, 1919.

"Der Schwester." Poem excerpts. *An den Wind geschrieben: Lyrik der Freiheit.* Ed. Manfred Schlösser. 2nd ed. Darmstadt: Agora, 1961. 197.

"Sonett." Poem. Gleibs 237.

"Sprüche." Poem. *Jugend* 3 (1898): 190, 272.

Tedeum: Gemütskomödie in fünf Akten: Von Ernst Rosmer. Berlin: Fischer, 1896.

Themistokles: Tragödie in fünf Akten: Von Ernst Rosmer. Berlin: Fischer, 1897.

"Der Todesritt." Poem. *Deutsche Dichtung* 14 (1893): 287–88.

"Vierzeiler." Poem. Gleibs 238.

"Vorfrühling." Poem. *Jugend* 18 (1913): 358.

"Wieland der Schmied." Poem. *Süddeutsche Monatshefte* 12 (1914): 441.

"Winterwald." Poem. *Eine deutsche Kunstspende.* Ed. Otto Julius Bierbaum. Munich: Müller, 1916. 166.

Wir Drei: Fünf Akte: Von Ernst Rosmer. Munich: Schuster, n.d. [1893].

In English Translation

John Herkner. Trans. Mary Harned. *Poet Lore* 22. Boston: Badger, 1911.

Kingly Children: Opera by Humperdinck. Trans. Charles Henry Meltzer. New York: Rullman, 1910.

King's Children, a German Fairy Tale, in Three Acts, by Ernst Rosmer. New York: Rosenfield, n.d.

The King's Children: Retold by J. Walker McSpadden. *Stories from Great Operas*. New York: Crowell, 1925. 131–49.

Maria Arndt: A Play in Five Acts. Trans. Susanne Kord. *Modern Drama by Women: An International Anthology*. Ed. Katherine Kelly. London: Routledge, 1996. 84–107.

The Royal Children: A Fairy Tale Founded on the Opera: Told for Children by A. A. Chapin. New York: Harper, 1911.

Twilight: Drama in Five Acts. Trans. Paul H. Grummann. *Poet Lore* 23 (1912): 369–443. Poet Lore ser. 2. Boston: Badger, 1917.

NOTE ON THE
MEDICAL TERMS USED IN THE PLAY

- *Atropin* and *Eserin* are both ophthalmic medications. Atropine dilates the pupil, and eserine constricts it. Both are still used in ophthamology today; atropine is used before and after retinal surgery or for patients with iritis. Eserine is more rarely used and only for patients who have been diagnosed with glaucoma.
- Tuberculosis of the eye was commonly diagnosed throughout the nineteenth and early twentieth centuries.
- Iritis is an intraocular inflammation.
- *Iridectomie nach oben* (superior iridectomy) is a form of eye surgery during which an incision is made in the top part of the iris. In the past, this kind of surgery was frequently performed to treat glaucoma and inflammation.
- A *Kolobom* (coloboma) is a hole in the iris, in the play caused by the iridectomy performed on Isolde.
- The sphincter in the eye is the muscle that controls the movement of the pupil.
- Syphilis does not typically cause glaucoma, but it can. One manifestation of it is the appearance of ulcers. Syphilis in the eye can be caused congenitally, meaning the father might pass the disease on to the mother and

the mother to the child. Many children with congenital syphilis have other deformities, such as tooth deformities, hearing difficulties, or mental retardation. Syphilis can also be caused by father-daughter incest. Eye inflammation is more common in this case than in the congenital form.

• *Quecksilbereinspritzungen* (mercury injections), before the advent of effective antibiotics or steroids, were a common treatment in the past, particularly for syphilis. Due to the extreme toxicity of mercury, this treatment is no longer in use.

ELSA BERNSTEIN

Dämmerung

Personen

Heinrich Ritter
Isolde, seine Tochter
Sabine Graef
Carl Curtius
Babe, Köchin
Anna, Stubenmädchen
Ein Kind

ERSTER AKT

Ein großes, aber nicht zu tiefes Parterrezimmer. Die Mittel-
wand, von einer Schiebthüre gebildet, führt in Isoldens
Schlafzimmer. Rechts vorn eine große Glasthüre, führt über
eine Veranda in den Garten. Rechts rückwärts großes Fenster.
Links zwei einflügelige Thüren. Die vordere führt in Ritters
Schlafzimmer. Die andere nach dem Korridor. Zwischen den
beiden Thüren an der Wand ein bequemes Sofa, darüber eine
Beethovenphotographie. Ovaler Tisch, Lehnstühle. Auf dem
Tisch eine geöffnete rote Mappe: Photographieen, die „sieben
Raben" von Schwind. Eine Hängelampe mit verstellbarem
grünem Schirm. Rechts, im Winkel zwischen Korridor- und
Schiebthüre, ein Serviertisch mit Weinflaschen, Gläsern,
Körbchen mit Backwerk. Links, im Winkel zwischen Schieb-
thüre und Fenster, ein schräg gestellter Herrenschreibtisch.
Darüber ein Brustbild Isoldens in Pastell. Zwischen Fenster
und Glasthüre ein Piano mit kleiner Wagnerbüste, zerstreuten
Büchern und Noten. Alle Möbel sind aus mattbraunem Maha-
goni, altmodisch, aber geschmackvoll und bequem. Lehnstühle
und Sofa mit rotbraunem Rips bezogen. – Die Glasthüre ist
zugelehnt. Auf den Scheiben ein wenig rotes Abendlicht, rasch
verschwindend. Es dämmert. Isolde sitzt neben dem Tisch im
Lehnstuhl, die Füße auf einem Schemel, den Kopf seitwärts

5

*gelehnt, die Schultern zusammengezogen. Die Augen sind
geschlossen. Im Schoß liegt ihr ein blauer Zwicker. Lange
blonde Zöpfe mit hellblauen Bändern gebunden. Weißes Sommerkleid. Sie wendet ein paarmal den Kopf unruhig hin
und her, drückt die Hand an die linke Schläfe und ächzt.*

ANNA *(kommt vom Korridor. Weißes Häubchen und weiße
Latzschürze. Sie trägt Teller, Tischtuch und Besteck auf
einem Brette, welches sie auf den Serviertisch absetzt. Sie
zieht die Hängelampe herunter und brennt ein Schwefelhölzchen an.)*

ISOLDE *(fährt mit beiden Händen schützend über die Augen):*
Nicht – nicht!

ANNA *(bläst erschrocken das Zündhölzchen aus):* Ach ja so!
Meint' ich, Gnädige hätten sich weggedreht.

ISOLDE: Warum thust du nicht den Mund auf, wenn du
anzündest! Da soll man gesund werden!

ANNA: Will ich Tisch decken zum Abendessen. Gnädiger
Herr muß heimkommen sehr bald.

ISOLDE: Ich will kein Licht. Wirst es auch so können – das
bischen Decken. Es ist ja noch hell ... ... schrecklich
hell. *(Sie setzt den Zwicker auf.)*

ANNA *(verstohlen nach ihr schauend, während sie die Photo-
graphien in die Mappe legt):* Gnädige hat wieder an-
geschaut Bilder. Viele. Mit krankes Aug'. Dumme
Bilder. Gnädiger Herr sollt' verbrennen alle Bilder.
Ganze Haufen.

ISOLDE: Dieses Gerede! Das schadet mir nichts, das Anschauen. Gar nichts schadet's mir. Thu' sie hinaus.

ANNA (*auf die Thüre von Ritters Zimmer weisend*): Dahin?

ISOLDE (*heftig*): Gott, wie dumm! Natürlich! Wohin denn? In die Speisekammer nicht!

ANNA (*geht mit der Mappe in Ritters Zimmer*).

ISOLDE (*nimmt den Zwicker ab, tupft sich vorsichtig mit dem Taschentuch über das linke Augenlid, als ob sie Thränen wegwischte, und schnäuzt sich langsam*).

ANNA (*kommt zurück; während sie den Tisch zu decken beginnt, listig*): Soll ich sagen gnädige Herr von angeschaute Bilder?

ISOLDE: Ach… geht Papa nichts an. Schwätzerin. (*Drückt die Hand auf die Stirne.*) Kopfweh. Elendes Kopfweh.

ANNA (*immer mit listiger Besorgnis*): Augenkopfweh?

ISOLDE (*atmet schwerer und kürzer, schnäuzt sich wieder*).

ANNA: Feine Schnupfen hat Gnädige wieder. Nase weint. Nasenthränen.

ISOLDE (*mühsam*): Anna – es steht auf dem Nachttisch – gieb mir – gieb mir 'mal das Atropin her.

ANNA (*setzt mit einem Schreckenslaut die Teller, welche sie in der Hand hat, auf den Tisch*): Hat's ihm schon! Atropfin! Ist es linkes Aug'?

ISOLDE: So schrei' nur nicht gleich – das thut mir weh' im Kopf – du weißt, ich kann das nicht leiden, das Geschrei. N' ja, 'n bischen – links. Bring mir's – das

7

Atropin, und den Tropfenzähler – in der Schublade

liegt er.

ANNA (*im Gehen*): Bilder! Und so schwarze! Wenn wär'

noch schöne bunte Kaiser Josef in unsere Kuchel!

Hhhh – Bilder! (*Schiebt die Mittelthüre soweit auseinander, um durchtreten zu können.*)

ISOLDE (*gereizt ihr nachsprechend*): Immer die Weisheit.

Alle wißt ihr's besser als ich. Jetzt sollen's wieder die

Bilder sein. Das kommt, wenn's mag, und wenn's

nicht mag, kommt es nicht. Unausstehlich!

ANNA (*kommt zurück, ein kleines braunes Medizinfläschchen und den Tropfenzähler in der Hand*): Ob ist noch gut?

ISOLDE: Wann – wann ist es denn das letzte Mal gemacht worden?

ANNA: Ist es gemacht worden letztemal wie letzte große

Entzündung war von Gnädige Aug'.

ISOLDE: Vor wie viel Wochen –

ANNA: Sein – Wochen – achte. Glaub' ich. Wie gnädige

Großmama hat geschickt Powidl aus Wien. Ja –

acht. Powidl alle schon aufgess'n.

ISOLDE (*das Fläschchen in der Hand*): Es wird wohl noch

gut... 'n frisches Taschentuch will ich – weißes –

kein farbiges.

ANNA: Ist aber gewiß nur linkes Aug'?

8

ISOLDE (*hat das Fläschchen aufgemacht, den Tropfenzähler eingetaucht und wieder herausgezogen, drückt probeweise einige Tropfen heraus*): Das linke – ja.

ANNA: Und recht arg? Wie an heilige Christkindlabend? Oder nur wie letztemal?

ISOLDE (*wendet sich ab von ihr, zieht mit dem dritten und vierten Finger der linken Hand die Lider des linken Auges auseinander und läßt einen Tropfen hineinfallen*): Nur wie das letzte Mal. (*Lehnt sich mit geschlossenen Augen zurück.*)

ANNA: Ist es besser – auf Tropfin?

ISOLDE: Jetzt soll's schon wieder besser sein! Ich hab's doch kaum genommen. (*Befühlt mit dem zweiten und dritten Finger der linken Hand den Augapfel.*) Weiß nicht – so hart ist das Auge – und drückt so.

ANNA (*nicht ohne ein gewisses Vergnügen*): Recht brennen – und stechen? Hu!

ISOLDE: Du bringst mich um mit dem Gefrage! Schmerzen hab' ich und soll Vorlesungen darüber halten. Reden auch noch! Das Taschentuch – nimm das mit – (*giebt ihr das Fläschchen und den Tropfenzähler*) und – mach mir das Bett auf.

ANNA: Jeschisch – ins Bett! So arg!

ISOLDE (*heftig*): Nein – es ist gar nicht arg. Ich werde mich doch noch ins Bett legen dürfen. Und das Taschentuch! Das Taschentuch.

ANNA (*läuft in das Schlafzimmer*).

ISOLDE (*preßt die hohle Hand über das linke Auge*): Oh – oh!

(*Bricht in Weinen aus*) Wird's denn nie aufhören – nie!

ANNA (*kommt zurück mit einem Taschentuch*): Is es... ...

ISOLDE (*verbeißt ihr Schluchzen*).

ANNA (*nach sekundenlangem Schweigen*): Gnädige wollen doch schicken um Professor.

ISOLDE: Nein.

ANNA: Nur Beruhigung wegen unsere gnädige Papa. Wird sehr sein außer sich.

ISOLDE: Grad' wegen Papa will ich's nicht. Da erschrickt er sich vielmehr, wenn der Doktor da ist. Ich sag' ihm, es ist nur ein bischen entzündet, bis morgen wieder gut...

ANNA: Aber ist nicht gut morgen und Doktor muß kommen morgen. Jedesmal war es so mit morgen. Schick' ich.

ISOLDE (*richtet sich ein wenig auf*): Und ich will ni– (*sinkt vor Schmerz zurück, zwischen den zusammengepreßten Zähnen*): Ja. Also!

ANNA (*läuft durch die Vorzimmerthüre hinaus*).

ISOLDE (*lehnt schweigend im Lehnstuhl, den Zwicker über den geschlossenen Augen, hie und da ein ganz leiser Schmerzenslaut, ohne die Lippen zu öffnen*).

Rasche Schritte die Steintreppe herauf, Ritter öffnet die Glasthüre, tritt ein. Hohe schlanke Gestalt, nachlässige Bewegungen, vornehm, aber nicht elegant. Kleiner Kopf, dunkelbraunes

Haar, lang, glatt zurückgestrichen. Bartlos, jugendlich. Graue
Sommerkleidung, umgelegter Hemdkragen mit kleiner, schwar-
zer Schleifencravate, Strohhut in der Hand, ein paar Bücher
unterm Arm, welche er aufs Klavier legt.

RITTER: Goldkind! Grüß Gott! (*Fröhlich auf sie zu.*) Wie
geht's dir?

ISOLDE: Danke – gut.

RITTER: Dunkel? Absichtlich?

ISOLDE: Ach es ist so – – mir ist's lieber. Ich kann doch
nichts thun bei der Lampe.

RITTER (*ihre Hand über seine Wange streichend*): Na, sagst
du nichts? Wie schön ich rasiert bin. Gar kein Reib-
eisen mehr. Großartig! (*Macht einen Schritt vorwärts*
und stolpert über den Schemel, von welchem Isolde die
Füße zurückgezogen hat.) Donnerwetter – wer ist
denn aber so blödsinnig –

ISOLDE: Der Schemel, Papa – über den stolperst du jedesmal.

RITTER (*am Tische stehend, zieht eine Schachtel mit Zündhöl-*
zern aus der Tasche): Dreh' dich um, Bonni. Ganz
um. Das ist ja – ich will anzünden – ich mach's
ganz klein zuerst. Die Halsbrechfabrik!

ISOLDE (*deckt erst das Taschentuch, dann ihre beiden Hände*
über die Augen und kehrt sich ganz von der Lampe weg):
Aber ganz klein.

11

RITTER (*zündet an, wirft das Schwefelhölzchen auf den Boden und tritt es mit dem Fuße aus. Den grünen Schirm zurechtrückend*): So? Mehr herüber?

ISOLDE: Wo warst du denn? Erzählen.

RITTER (*spreizt die Beine auseinander und reckt die Arme in die Höhe*): Eine Hitze in der Stadt! Eine Hitze! Und ein Staub! So 'ne große Stadt ist eigentlich eine Brutalität. Abschaffen! Einfach abschaffen.

ISOLDE: Warst du auf der Post?

RITTER: Ja – freilich – ich hab's geholt und gleich wechseln lassen. Wieder gefallen, das Oesterreichische. Ein miserables Geld.

ISOLDE: Und sonst? So erzähl' doch!

RITTER. I Im ... richtig. Wen treff' ich? Den Czermak von der großen Oper – du weißt schon. Gastieren soll er hier – als Lohengrin und Tannhäuser – der! Je höher das C, desto größer die Dummheit. In Wien kommt er natürlich nicht dazu und hier will er drauf gastieren. Weißt noch, wie er mir das herrliche Solo im Te Deum verpatzt hat? Das richtige Tenorvieh!

ISOLDE: Hat er erzählt – von Wien?

RITTER: Theaterklatsch – ist ja eine Bande untereinander – Musikergerauf – um die Direktion der Gesellschaftskonzerte – sie haben noch keinen neuen Dirigenten – (*bricht schnell ab und wühlt in seiner hintern Rocktasche*). Ich hab' dir ja was mitgebracht

– wenn ich mich nur nicht drauf gesetzt habe in der Pferdebahn – am Siegesthor hab' ich sie grad noch am Zipfel erwischt und weil's schon spät war – (*er zieht ein zerquetschtes Paketchen heraus, mit Jammermiene*). Jemine – d'rauf gesessen.

ISOLDE: Du bist dumm! Was ist's denn?

RITTER (*giebt ihr's*): Vielleicht kann man's doch noch essen – Pischinger Torte.

ISOLDE: Papa!! Wer wird denn hier Pischinger Torte kaufen? Die ist doch nur in Wien gut! Wiener Specialität! Und wo die Konditoreien hier ohnehin so schlecht sind.

RITTER: Aber die Apotheken sind besser. Und da wir doch mehr aus der Apotheke brauchen – Versuch's! Vielleicht ist's doch nicht so schlecht. (*Geht, die Hände in den Hosentaschen, ein paarmal im Zimmer auf und ab. Halb in Gedanken.*) Ja die Gesellschaftskonzerte – (*macht die Flügel der Glasthüre auf*). Luft! Ah! (*Atmet tief, den Rock zurückgeschlagen, die Daumen in die Aermellöcher der Weste gesteckt.*) Vom Garten kommt's ganz kühl. Ja, Bonni, was bin ich für Einer? Was für ein Papa? Das war doch 'ne Idee, hier draußen zu mieten – die Wohnung.

ISOLDE: Ja – nur das Badezimmer ist zu klein.

RITTER: Wir baden doch nicht so oft.

ISOLDE: Du.

RITTER: Ich bin doch nicht so schmutzig, daß ich immer im Wasser stehen muß. Schmutzig. Ich bin nie schmutzig. Heut' hab' ich mir schon zweimal die Hände gewaschen. Nach Tisch mit warmem Wasser!

ISOLDE (*gezwungen lächelnd*): Großartig! Da steht die Welt nicht mehr lang'. Ich glaub's nicht.

RITTER (*läuft zu ihr, streckt ihr die beiden Hände hin*): Bitte – schneeweiß. Riech' mal.

ISOLDE (*ohne recht hinzusehen, aber fortwährend mit dem Bestreben, unbefangen zu erscheinen*): Grau – die darfst du noch einmal waschen.

RITTER (*beguckt seine Hände*): Noch einmal? Drei mal? Nein. Jetzt sollen sie bis morgen warten. Die Nägel putz' ich mir vielleicht noch – dir zu Liebe. (*Zieht sein Federmesser heraus und putzt sich mit der kleinsten Klinge die Nägel.*)

ISOLDE (*sich nervös im Stuhl hin- und herschiebend, von leisem Frösteln befallen*): Es – es zieht mir.

RITTER (*erstaunt*): Ziehen? Ja wie so denn? Wo denn?

ISOLDE (*eigensinnig*): Es zieht mir.

RITTER (*die Thüre wieder schließend, geduldig*): Wenn du meinst – ich weiß zwar nicht. Ich war auf dem Rückweg bei Carl. In der neuen Wohnung. Er war nicht zu Hause. Ich hab' ihm einen Zettel aufgeschrieben. Er soll heute Abend noch 'runterkommen.

ISOLDE: Heute – gerade.

RITTER: Er kommt doch alle Tage fast.

ANNA (*kommt durch die Vorzimmerthüre und geht in Isoldens Schlafzimmer*): Küß die Hand, gnä' Herr.

RITTER (*ohne sich umzusehen*): 'N Abend. (*Zu Isolde.*) Und weil er heut' Nachmittag nicht da war – für mich hab' ich ihn nicht eingeladen.

ISOLDE: Langweilig ist er. Dumm.

RITTER: Dumm, dumm, dumm! Carl ist gar nicht dumm! Du unterhältst dich sehr gut mit ihm.

ISOLDE: Manchmal – aber auf Kommando – müssen –

RITTER: Isolde, das ist Affektation. Müssen. Du mußt doch nie. Und Carl – wenn der nicht wie ein Bruder ist! Faxen.

ANNA (*schiebt die Thüre halb auf*): Gnädige –

ISOLDE: Ja. (*Zu Ritter*) Papa – Du darfst aber nicht böse sein – ich werde mich ins Bett legen. (*Steht mühsam auf.*)

RITTER: Jetzt?

ISOLDE: Ich weiß nicht – ich glaub – ich – ich bin müde.

RITTER: Bonni – du hast was – müde – jetzt – und erst kein Licht – (*beinahe mit einem Schrei*) – die Augen?

ISOLDE (*giebt nicht gleich Antwort*).

RITTER (*in fürchterlicher Angst*): Bonni – deine Augen?

ISOLDE: Ach Papa – wenn du so aufgeregt bist –

RITTER: Ich bin nicht aufgeregt, gar nicht – sag', mein Kind – ich bin wirklich nicht aufgeregt – eine Entzündung? Wieder?

ISOLDE: Nur so 'n bischen – ich hab' gar keine Schmerzen
– gar keine –

RITTER (*traurig ungläubig*): Du lügst mich an – ich seh' es ja.

ISOLDE: Nein Papa – wirklich – es ist so gering – und es
wird ganz schnell vorüber sein – morgen.

RITTER (*ist still, steht ein wenig gebeugt, dann sehr sanft mit
leiserer Stimme als bisher*): Mein armes armes armes
Kind · ... ... Hat man um Berger – (*streicht ihr leise
über den Scheitel*).

ISOLDE: Ja. Der Hausmeister.

RITTER: Kann ich dir nichts thun? Holen? Aus der Apotheke?

ISOLDE: Nein. Atropin hab' ich. Und niederlegen.

RITTER (*legt seinen Arm um ihre Taille und führt sie ganz
langsam gegen das Schlafzimmer*): Bonni – mein ein-
ziges Goldkind – sei nicht böse – ich will dich ja
nicht mit Fragen quälen – aber sag' mir nur mit ja
oder nein – ist's in der Iris? Oder in der Hornhaut?
Ist's gefährlich?

ISOLDE: Ich weiß nicht – vielleicht –

RITTER: Wenn's nur keine neuen Verwachsungen giebt!
Meinst du?

ISOLDE: Aber Papa, ihr seid schrecklich. Das soll ich jetzt
wissen! Verwachsungen – ja – nein – Ich weiß nicht.

16

RITTER (*erschrocken*): Reg' dich nicht auf – reg dich nur nicht auf. Verzeih' mir. Ich hab' eben so Angst … Sei gut, mein Kind.

ISOLDE (*bleibt stehen, legt sich in in seine Arme*): Mein armes kleines Papatschi. Ich mach' mir nichts daraus. Ich bin's schon gewöhnt.

RITTER (*beißt sich auf die Lippen*): Schöne Gewohnheit! Hätt' ich's nur.

ISOLDE (*mit dem Versuch des Lächelns in der Stimme*): Du dummer Papa – du thätest schreien! So ein Wehleidiger wie du!

RITTER: So schrei' doch auch! Strample! Hau' um dich!

ISOLDE: Ich kann nicht schreien. (*Tritt in das Schlafzimmer.*)

RITTER: Wenn du im Bett bist, komm' ich zu dir (*schiebt hinter ihr die Thür zu. Geht ein paar Schritte vor, fährt sich mit allen zehn Fingern durch die Haare, seufzt tief. Zündet ein Licht auf dem Schreibtisch an und nimmt eine Partitur. Besinnt sich, legt sie wieder fort, geht an die Vorzimmerthüre und drückt auf die daneben angebrachte elektrische Klingel. Die Hände auf den Rücken gelegt, schreitet er unruhig auf und ab, immer wieder an der Thüre des Schlafzimmers stehen bleibend und horchend.*)

BABE (*kommt herein, rüstige Person von 58 Jahren mit weißer, fein getollter Frauenhaube, farbiger Bluse und großer weißer Küchenschürze*): Küß die Hand –

RITTER (*unterbrechend*): Wann ist der Hausmeister fort?

17

BABE: Viertelstunde kann sein.

RITTER (*sieht berechnend auf seine Uhr*): Halb acht – dreiviertel ... (*steckt die Uhr seufzend wieder ein*). Was
giebt's heut' abend?

BABE: Gansjung mit Reis. Sehr ein gutes.

RITTER (*nicht laut, aber mit zorniger Aufgeregtheit sie anfahr-
end*): Sind Sie verrückt? So ein unverdauliches
Zeug? Und wo das Fräulein zu Bett liegt?

BABE: Hab' ich hergerichtet heut mittag und nicht ge-
wußt –

RITTER: Hundertmal hab' ich Ihnen gesagt, ich will
abends leichte Speisen, leicht verdauliche. Tot kann
man sich reden. Frauenzimmer, Frauenzimmer!

BABE: Hab' ich mir gedacht –

RITTER: Sie sollen sich nichts denken. Kommt doch nur
was Blödsinniges 'raus.

BABE: Hab' ich soviel zu thun im Kopf...

RITTER: Stiefelwichs haben Sie in Ihrem Kopf! Für Isolde
muß was anderes her –

BABE: Sind gnädige Herr nur gut – werd' ich für gnädige
Fräulein Hendl braten und für gnädige Herr –

RITTER (*schon wieder besänftigt*): Na – ich werd' in Gottes
Namen Ihr verdammtes Gansjung essen (*geht an die
Glasthüre, öffnet wieder und tritt auf die Treppe*).

ANNA (*kommt aus dem Schlafzimmer*).

BABE (*zu ihr, auf das Schlafzimmer deutend*): Ist schlimm – sehr? Gnädige Herr sind arg böse.

ANNA: Schimpft er?

BABE: Ja – Blödsinnige Stiefelwichs – und gleich wieder gut. Ach Maria und Joseph – wollt ich mich lassen schimpfen ganze Tag – ist doch sehr ein guter Herr. (*Sie geht. Es klingelt draußen.*) Mach schon auf (*ab*).

ANNA (*geht zu Ritter*).

RITTER (*hört sie, wendet sich um und kommt hastig ins Zimmer*): Soll ich hinein?

ANNA: Gnädige Herr möchten warten. Gnädige Fräulein wird nachher klingeln.

RITTER: Hat sie alles? Das Rehlederkissen? Taschentücher? Fehlt nichts?

ANNA: Nix fehlt (*geht*).

RITTER (*wieder auf seine Uhr sehend*): Der Teufel soll die weiten Entfernungen holen ...

ANNA (*macht die Vorzimmerthüre auf und stößt mit dem eintretenden Carl zusammen*).

CARL (*mittelgroß, untersetzt, mit schwerfälligem, etwas in den Hüften wiegendem Gang. Offenes Gesicht, großer Mund, verträumte Augen. Glattes seitwärts gescheiteltes Haar, ganz leichter Schnurrbart, gut, aber gar nicht elegant gekleidet. Tiefe Stimme, bedächtige Sprache*): Guten Abend, Herr Ritter.

RITTER (*ihm entgegen*): Ja lieber Junge, nun hab' ich Sie umsonst herausgesprengt – leider – wieder eine Iritis.

CARL: Sie ist zu Bette? – Babe sagte mir – ist es schlimm?

RITTER: Gar nichts weiß ich. Berger war noch nicht da. Nicht zum Erleben, bis so ein Doktor kommt. Und fragen darf ich sie nicht. Das alteriert sie. Macht sie nervös. Dreinschlagen möcht' man. Aber setzen Sie sich doch – setzen sich! Dreinschlagen!

CARL (*setzt sich breit und langsam in einen Lehnstuhl, schluckt ein paarmal, als ob er etwas sagen wollte, leckt sich einigemal über die Lippen*): So!!! (*Pause.*)

RITTER: Na – was anderes. Was machen Sie? Sie sind ja Ihrem Schuster weggezogen? Warum?

CARL: Hmmm... Das Zimmer war schön und sehr billig – 30 Mark mit Kaffee – aber ich mußte immer durch das Schlafzimmer von meinen Wirtsleuten. Am Tage ging's ja – aber am Abend – die Frau Schusterin als schwänzchenhaarige Venus – in der Nachtjacke – hmmm –

RITTER (*mit halbem Lächeln*): Eine Dissonanz ... wenn man den ganzen Tag Raphaelische Madonnen studiert hat.

CARL: Und obendrein – Bettgesellschaft.

RITTER (*komisch erschrocken*): Die Nachtjacke?!

CARL: Gotteswillen – nicht so schlimm – Wanzen.

RITTER (*schüttelt sich*): Puh! Gräßlich! Ich habe geglaubt, die giebt's nur in Oesterreich.

CARL: Jede Nacht Soiree und Ball auf mir. Die ganze Wanzenaristokratie. Und ich bin gar kein Gesellschaftsmensch. Das wurde mir zu angreifend. Ich drückte mich.

RITTER: Und Ihre Schustersleute?

CARL: Weinen mir nach. Sie hätten noch nie einen so soliden jungen Mann ge... ...

RITTER (*ist horchend an Isoldens Thüre getreten. Kehrt sich wieder ab*): Nichts. Ich meinte, sie hätte geklingelt.

CARL: Ich möchte nur wissen, was der Doktor sagt – sonst würde ich nicht –

RITTER: Lieber Junge, Sie thun mir den größten Gefallen. Man verbohrt sich ganz mit dem Alleinsein. Grad' in solchen Momenten – und ich bin ja soviel allein. Sie essen mit mir – wenn Sie Gansjung vertragen können. Gansjung als Abendessen – Idee von der Babe. So ein Dienstbotenverstand!!

CARL (*an seinen Lippen lutschend*): Die Babe, Herr Ritter, die Babe kocht künstlerisch! Ausgezeichnete Schule! Kunstwerke. Ihre Rahmstrudel! Nach meinem ewigen Gasthaussalat –

RITTER: Ja. Die Böhminen kochen alle gut. Aber das skandalöse Deutsch. Jeden Tag ärgere ich mich von neuem. Die Junge lernt's auch nie. Und ihre Muttersprache haben sie vergessen. Auch miteinander

reden sie das Kauderwälsch. Sind doch nur halbe
Menschen – diese Slaven.

CARL (*ironisch*): Die Rasse der Zukunft. [*handwritten: race*] [*handwritten: rallying cry of Slav nationalism across Eastern Europe*]

RITTER: Gott behüte mich vor der Zukunft! (*Horcht wieder an der Thüre, geht wieder fort.*) Haben Sie – zu
Hause alles in Ordnung? Mutter und Schwester?

CARL: Sind fidel. Freuen sich jetzt schon, wenn ich in Ferien komme.

RITTER: Sie schreiben oft – die Ihrigen?

CARL: Alle Tage.

RITTER: Und Sie?

CARL: Auch. Neulich ging ein Brief verloren. Gleich telegraphierte Mutter.

RITTER (*lächelnd und kopfschüttelnd*): Die Weiber – Ge- [*handwritten: women*] [*handwritten: emotional spoiling*]
mütsverwöhnung. (*Zerstreut, da er immer wieder an
Isoldens Thüre horcht.*) Also den Sommer gehen Sie
miteinander – ins Gebirg?

CARL: Nein. Durch die Niederlande. Ich soll die Galerien
kennen lernen.

RITTER: Von hier kann man so hübsche Partien machen.
Zwei bis drei Stunden. Dann ist man mitten drin –
in den Bergen.

CARL: Wenn Sie einmal Lust hätten –

RITTER: Ach Carl – Sie sehen ja – ich kann doch nicht
eine Stunde von Hause fort, ohne daß – glauben

Sie, ich gehe ruhig auf den locus? Lust hätte ich
schon ... Sie – ein Paar von Ihren Kameraden –

CARL (*zuckt die Achseln*): Die!! Und eigentlich: ich habe
keine Kameraden.

RITTER (*mit den fünf rechten Fingern in der linken Handfläche
Klavier spielend*): Carl! Carl! Sie werden doch unter
tausend Mitstudenten welche gefunden haben –

CARL: Nein. Sie verstehen mich alle nicht.

RITTER (*zieht die Augenbrauen in die Höhe*): So!! (*Schaut
nach dem Beethovenbilde.*) Armer Beethoven.

CARL: Ich bin dick im Pessimismus drin. I'm sunk deep in pessimism

RITTER: Und aus Pessimismus – schwänzen Sie. play truant

CARL: Colleg.

RITTER: Daß Sie das Wirtshaus nicht schwänzen, das –

CARL: Herr Ritter, ich schwänze die Kneipe öfters als
mein Colleg.

RITTER: Junge! Sie wollen mich wohl –

CARL (*lachend*): Auf den Sumpf kriechen lassen? (*Mit plötzlichem Ernst.*) Ich bin eine unglückliche Natur. Ich
habe nicht das Zeug für einen richtigen Studenten.

RITTER: Na, na, na! Ihr Vater war einer. Ganz ein rich-
tiger. Und bei der Aehnlichkeit – lassen sich anschauen. Gerade so hat er ausgesehen. Bis auf die
paar Schnurrbartfitzelchen.

23

CARL: Auf Wort, ich bin keiner. Trinken vertrag' ich nicht viel, rauchen ist auch so so, und das Schreien und Streiten macht mir erst recht kein Vergnügen.

RITTER: Wissen Sie was? Sie waren zu lang daheim. In der kleinen Stadt, bei Mutter und Schwester. Da bildet sich dann so ein Mädchenidealismus heraus...

CARL: Ich kann nichts auf die leichte Achsel nehmen. Gar nichts kann ich leicht nehmen. Die Flegeleien von den Anderen – und die Sauereien –

RITTER (*wiegt den Kopf hin und her*): Hm – da hat doch ein gewisser Goethe – man muß immer den Geschmack seines Alters haben.

CARL: Dann bin ich zu alt für meine Kameraden.

RITTER: Oder zu jung. Sie wissen gar nicht, wie jung Sie sind. (*Wieder umhergehend, die Hände auf dem Rücken.*) Meiner Mutter darf ich nicht schnaufen von der Verschlimmerung.

CARL: Sie haben gute Nachrichten?

RITTER: Thut sich. Eine alte Frau – natürlich hat sie zu klagen.

CARL: Wie lange sind Sie jetzt hier?

RITTER: Ein halbes Jahr bald. Sie kamen gerade vier Wochen später.

CARL: Fehlt Ihnen Wien gar nicht?

RITTER: Wien nicht. Die Thätigkeit. Die Dirigententhätigkeit. Und hier ist seit den letzten Jahren so eine antiwagnerische Strömung. Das geistige Klima ist mir nicht – aber wenn es Isolde gut geht, will ich auch in Amerika leben.

CARL: Stellen Sie sich das so schrecklich vor?

RITTER: Oh! Dieser musikalische Dilettantismus. Die fabrizieren die Musik wie Schuhe. Die Leute haben kein inneres Ohr. Lauter Verstandesnaturen. Musik braucht Gefühl, Phantasie. Wenn aber der bloße Verstand zu phantasieren anfängt – was kommt heraus? Karrikatur.

CARL: Aber die Erfindungen – die sind – kolossal.

RITTER (*wieder seine Uhr herausziehend*): Was brauch' ich ihre Erfindungen. Acht Uhr. Rasend kann es einen machen – das Warten. Ich muß mir doch eine telephonische Verbindung herstellen lassen mit der Klinik. Dann fällt das Hineinschicken fort und –

ANNA (*kommt sichtlich verwirrt durch die Korridorthüre*): Gnädige Herr – ist Anton gekommen und hat mitgebracht –

RITTER (*will zur Thüre hinaus*): Der Professor –

ANNA: Nein. Dame.

RITTER: Was?

CARL (*gleichzeitig*): Ui!

ANNA: Sagt Dame, sie ist Doktor.

RITTER: Blödsinn! (*Zu Carl.*) Verstehen Sie?

CARL: Neee. Oder – was fällt mir denn ein –

25

RITTER: Jedenfalls – bitten Sie die Dame einzutreten.

ANNA (*ab*).

CARL: Freilich hab' ich was läuten hören – der Gregers – der ist Mediziner – der hat erzählt – kann vierzehn Tage sein – beim Berger sei ein Frauenzimmer als Assistent.

RITTER: Aber daß er mir so jemanden schickt –

ANNA (*macht die Thüre auf, läßt Sabine eintreten*).

SABINE (*ist von mittelgroßer Gestalt, schlank, nicht mager. Schmales weißes Gesicht, keine ungesunde Blässe. Kleiner festgeschlossener Mund. Sehr helle, große und ruhige Augen. Sie trägt ein lichtgraues Sommerkleid. Glatter Rock, Bluse mit umgelegtem Kragen, welcher den Hals frei läßt. Breiter schwarzseidener Gürtel ohne Schleife. Schwarzer am Rande durchbrochener Strohhut mit schwarzem Tüll und schwarzem Bande aufgesteckt. Die ganze Kleidung ohne Uebertreibung nach der Mode gerichtet. Sehr gute Handschuhe aus grauem dänischem Leder. Sabinens Stimme ist klar und weich. Sehr wenig Bewegungen. Zu Ritter, welcher eine verlegene Verbeugung macht, die sie mit leichtem und freiem Kopfnicken erwidert*): Herr Ritter?

CARL (*zieht sich diskret an den Schreibtisch zurück und blättert in einem dort liegenden Buche*).

RITTER: Ja – mit wem habe ich –

26

SABINE: Mein Name ist Graef. Ich bin Assistentin in der
Klinik von Professor Berger. Seit drei Wochen.

RITTER: Der Professor kommt nicht?

SABINE: Er mußte heute morgen plötzlich verreisen.
Eine schwere Erkrankung in der Familie –

RITTER: Und – (*stockt*).

SABINE: Die – anderen Assistenten? Die beiden Herren
sind heute abend beschäftigt. (*Ohne jede Ironie.*)
Festcommers. Ich habe den Nachtdienst übernom-
men. Und da Ihr Bote es sehr dringend machte –

RITTER (*hat sich etwas gefaßt*): Entschuldigen Sie meine –
meine Verwirrung. [confusion]

SABINE (*immer sehr einfach, ohne jede ironische Absicht*):
Bitte – sie ist gerechtfertigt – durch die Umstände.

CARL (*der mit halbem Ohr zu den beiden hingehört, blickt erstaunt auf und fängt an, Sabine zu beobachten*).

RITTER: Bitte, wenn Sie Platz nehmen –

SABINE: Danke. (*Setzt sich, knöpft ihre Handschuhe auf.*)

RITTER: Erlauben Sie, daß ich meiner Tochter sage – sie
würde vielleicht erschreck – zu sehr überrascht sein –

SABINE: Ich bitte darum.

RITTER (*geht an Isoldens Thüre, klopft leise und tritt auf den
Zehen ein. Kleine Pause. Sabine legt ihren Hut ab. Glatt
gescheiteltes dunkles Haar, im Nacken in einen englischen Knoten gedreht.*)

27

CARL (*kommt näher*): Herr Ritter hat versäumt in der Aufregung, mich vorzustellen. Erlauben Sie – (*verbeugt sich*) Curtius.

SABINE (*neigt leicht den Kopf, schweigt*).

CARL: Gnädiges Fräulein sind mit dem berühmten Augenarzt Gräfe verwandt? *professor of opthalmology in Berlin*

SABINE: Nein. Ich heiße Graef. Ohne e.

CARL: Gnädiges Fräulein werden längere Zeit hier bleiben?

SABINE: Ich weiß es noch nicht. Ich wollte eigentlich nach Berlin.

CARL: Gnädiges Fräulein sind Norddeutsche?

SABINE: Der Geburt nach. Aber ich bin seit lange fort.

CARL: Im Ausland?

SABINE: Ja. Zuletzt in Paris.

CARL: O – entsprechen Ihnen da die hiesigen Verhältnisse?

SABINE (*ruhig, aber kurz*): Die Klinik ist gut. Ich habe zu thun. Das genügt mir.

CARL (*fühlt, daß er ungeschickt war, beißt sich auf die Lippen und schweigt. Pause.*)

SABINE (*bemerkt seine Verlegenheit, etwas freundlicher*): Sie – studieren?

CARL: Ja. Kunstgeschichte. Drittes Semester.

SABINE: Sie sind wohl verwandt mit Herrn Ritter?

CARL: Nein. Er war mit meinem Vater sehr befreundet.

Und Isolde war als Kind einen Sommer bei uns –

SABINE: Isolde – seine Tochter?

28

CARL: Ja.

SABINE: Das einzige Kind – oder – (*hält inne, als ob ihr etwas einfiele, lacht leise und errötet*).

CARL (*verwundert*): Gnädiges Fräulein…?

SABINE (*offen und liebenswürdig, doch nicht lebhaft*): Ich war vorher nicht angenehm berührt, weil Sie mehrere Fragen an mich stellten. Ich lasse mich nicht gerne ausfragen. Nun hab' ich es bei Ihnen gerade so gemacht. Weil es in der Situation liegt. Entschuldigen Sie.

RITTER (*kommt, läßt die Thüre etwas offen, matter Lichtstrahl durch die Spalte*): Darf ich bitten…

SABINE (*erhebt sich, geht bis an die Thüre, bleibt einen Augenblick stehen*): Wenn ich zur Untersuchung eine Lampe haben könnte – ohne Glocke – und nicht zu hoch –

RITTER: So eine steht drin. Ich werde sie gleich anzünden. (*Folgt der vorausgehenden Sabine. Durch die halboffene Thüre sieht man es heller werden. Ritter kommt zurück, schließt hinter sich.*)

RITTER: Sagen Sie bloß!! Hat sie was geredet – mit Ihnen?

CARL: Ja.

RITTER: Quatsch?

CARL: Nee.

RITTER: Was macht sie für 'n Eindruck?

CARL: Nach der Momentphotographie – dumm ist sie nicht.

RITTER: Aber ein Frauenzimmer! Wie kann denn so ein Unterrock Verstand haben. Fingerhutverstand – höchstens.

CARL: Merkwürdig zurückhaltend für eine, die studiert hat. Ihr Lachen hat nichts Unfeines. Gar nichts Unfeines. Und aufs Lachen geh' ich bei den Weibern.

RITTER (*kraut sich in den Haaren*): Vertrackte Geschichte.

CARL: Isolde war wohl paff?

RITTER: Nicht einmal. Ich sagte ihr, ich wollte es schon auf mich nehmen, die – die – na die Dingsda wieder fortzuschaffen. „Nein. Ich will's probieren. Wenn sie mir was Dummes sagt, thu' ich's nicht."

CARL: Berger wird sich doch niemanden zum Assistenten nehmen, der nichts versteht. Sein Buckel hat die Verantwortung. Er wäre ja ein asinus quadratus –

RITTER: Lieber Junge!! Die großen Herren – und gar die großen Herren Aerzte! – Die Kleinen hängt man, die Großen läßt man laufen. Preisgegeben ist man. Aerzte und Gesangslehrer – ein Schwindel.

CARL: Gehen Sie nicht hinein? Sie werden sich doch nicht durch mich abhalten –

RITTER: Keine Idee. Isolde erlaubt nie, daß ich bei der Untersuchung dabei bin. Sie hat immer mit den Aerzten allein gesprochen und –

SABINE (*macht halb die Thüre auf, zurücksprechend*): Ich komme gleich wieder.

30

RITTER (*zu Carl gleichzeitig*): Da sehen Sie! Schon zu Ende! Schöne Untersuchung.

SABINE (*kommt herein, ihr Gesicht zeigt nicht die leiseste Veränderung*): Ich werde ein Rezept schreiben. Bitte es sofort machen zu lassen. Ist die Apotheke weit?

RITTER: Nebenan.

SABINE (*geht an den Schreibtisch*): Kann ich hier?

RITTER: Gewiß – aber die Kerze...

SABINE: Genügt. (*Hat sich gesetzt, trennt einen länglichen Rezeptstreifen aus ihrem Notizbuche, schreibt rasch und sicher.*)

RITTER (*läuft an Isoldens Thüre, mit gedämpfter Stimme hineinsprechend*): Bonni – wie geht's, mein Kind?

ISOLDENS (*Stimme, schwach*): Danke – gut.

SABINE (*hat es gehört, sieht eine Sekunde verwundert hin, senkt dann mit traurigem Ausdruck den Kopf und schreibt hastig weiter*).

RITTER: Carl ist da – kann er nachher einen Moment zu dir kommen?

SABINE (*aufsehend*): Entschuldigen Sie – das Fräulein bedarf der größten Ruhe. Sie darf heute niemanden empfangen. Bitte auch jetzt nicht mit ihr zu sprechen. Es strengt sie an.

RITTER (*schleicht verschüchtert zu Carl, welcher in der Nähe der Korridorthüre steht*): Ich trau mich bald gar

31

nichts mehr. Was ich thu', ist nicht recht. Ich mein's doch gut. (*Er drückt auf die Klingel.*)

SABINE (*überfliegt das geschriebene Rezept, setzt die Feder nochmals an*): Für Fräulein Isolde – (*über ihre Schulter hinweg zu Ritter*) Ritter – mit zwei „t"?

RITTER: Ja.

SABINE (*schreibt rasch zu Ende. Ritter und Carl sprechen leise*).

ANNA (*kommt herein. Ritter bedeutet ihr, zu warten*).

SABINE (*ist aufgestanden, und giebt Ritter, der ihr ein paar Schritte entgegenkommt, das Rezept*): Dringend. Ich hab' es drauf geschrieben. Wenn die Medizin da ist, wollen Sie die Güte haben, mich zu rufen. (*Geht in Isoldens Zimmer.*)

RITTER (*giebt Anna das Rezept*): Rühren Sie sich! Rühren Sie sich! Flink!

ANNA (*ab*).

CARL (*auf das Schlafzimmer deutend*): Bitte – entschuldigen Sie – Güte haben – und dabei kommandiert sie herum – Energie hat sie.

RITTER: Frauenzimmerenergie. Unkünstlerisch, spontan. Nicht die Energie der Ueberlegung. (*Geht an den Serviertisch, schenkt ein Glas Wein ein.*) Bitte Carl. (*Hält ihm ein Körbchen mit Gebäck hin.*) Und hier. Muß Ihnen ja der Magen knurren.

CARL: Danke. (*Hebt das Glas gegen die Thüre.*) Besserung! (*Trinkt.*) Kommen Sie nicht mit?

RITTER: Kann nicht. Uebrigens – sie muß eine hübsche Altstimme haben. Haben Sie gehört? *[handwritten: contraalto]*

CARL: Die und singen? Ich glaube, die hat keine Lieder.

RITTER: Ich weiß nicht – nach dem Sprachorgan – sie hat nichts Unmusikalisches. Ein gewisses tonvolles Piano – wie es nur den Altstimmen eignet.

CARL: Schrecklich ruhig ist sie. Kaum eine Bewegung. Als ob ihr die Gelenke verleimt wären. Möcht' sie nicht als Tanzbesen. *[handwritten: joints glued]*

RITTER: Immer noch besser als das Fahrige im Wesen. Wenn man die Wiener Fetzen gewöhnt ist – *[handwritten: Nervous one; Women (sluts)]*

CARL: Haben Sie's wieder auf die armen Oestreicher. Sie sind doch selber –

RITTER: Leider. Aber ich hab' sie mir abgewöhnt – meine Geburt. Die macht's nicht aus.

CARL: Mögen Sie denn die Süddeutschen?

RITTER: Biervolk.

CARL: Also die Norddeutschen?

RITTER: Was? Die Militärbeine?

CARL: Ja wen denn?

RITTER: Niemand. Ich bin Menschenfeind. Die Welt ist mir zu modern.

ANNA (*kommt atemlos, ein kleines Fläschchen in grünes Papier eingewickelt und das Rezept in einem Couvert*): Ist fertig Medizin.

33

RITTER (*nimmt ihr Fläschchen und Couvert ab, klopft an Isoldens Thüre und reicht das Fläschchen hinein*).

CARL (*zu Anna*): So schnell?

ANNA: Kennt mich Apotheker sehr gut. Essen wir viel Medizin (*ab*).

RITTER (*kommt vor, zieht das Rezept aus dem Couvert*): Muß mir doch ansehen.

CARL (*sieht auch in das Rezept*): Sie schmiert wenigstens nicht – wie die meisten.

RITTER (*liest*): Eserin sulf. 0,1 Aqu. dest. 10,0. Viermal täglich einen Tropfen in das linke Auge einzuträufeln – (*hält inne*). Eserin? Was ist denn das neues? Das hat Isolde doch nie gehabt. Atropin, Cocain, aber Eserin – sie kann doch nicht auf einmal eine ganz andere Krankheit bekommen haben.

CARL (*ebenfalls betroffen, schüttelt den Kopf*): Der wird doch nicht die Feder ausgerutscht sein?

SABINE (*kommt aus dem Schlafzimmer. Sie schließt die Thüre leise und sorgfältig. In der linken Hand trägt sie die Lampe, welche Ritter ihr höflich abnimmt und auf den Tisch stellt*): Sie erlauben, daß ich noch bleibe. Ein paar Momente. Ich möchte die Wirkung des Eserins abwarten. Und ein paar Fragen – wenn Sie Zeit haben.

CARL (*rasch zu Ritter*): Ich werde den Garten unsicher machen. Bißchen Mondschein kneipen –

34

RITTER (*nickt ihm zu. Carl ab über die Treppe. Ritter bietet Sabine einen Stuhl an*): Gnädiges Fräulein – (*Setzt sich ihr gegenüber.*)

SABINE (*sehr einfach*): Bitte – – Fräulein Graef.

RITTER (*neigt leicht den Kopf*): Wie Sie – (*in Angst und Erregung zurückfallend*). Und das Auge? Wie lange wird es dauern? Hat sie starke Schmerzen? Ist der Zustand gefährlich? Sie sagen mir doch die Wahrheit?

SABINE: – – Bedenklich.

RITTER (*lehnt sich zurück, stützt die Stirne in die Hände, sehr blaß, aber von ergreifender Ruhe*): – – – Eine heftige Entzündung in der Iris?

SABINE: Keine Iritis.

RITTER: Sondern?

SABINE: Eine Steigerung des intraocularen Druckes. Secundäres Glaucom.

RITTER (*schaut sie verständnislos an*): Verzeihen Sie – was ist das?

SABINE: Eine gründliche Untersuchung habe ich heute nicht vornehmen können. Bei der starken Reizung des Auges würde ich die Kranke gequält haben – und zwecklos. Die brechenden Medien sind sehr getrübt.

RITTER: Die Cornea.

SABINE (*mit halbem Lächeln*): Die Hornhaut – ganz richtig. Ich denke, der Druck wird bis morgen –

35

RITTER (*etwas erleichtert einfallend*): Also kann man doch auf eine Besserung rechnen – bald?

SABINE: Sie muß eintreten.

RITTER: Und der Anfall wird nichts geschadet haben –

SABINE (*hebt ein wenig die Achseln*): Das – vielleicht eine geringe Beschränkung des Gesichtsfeldes – aber ich hoffe – bei der jugendlichen Nachgiebigkeit der Gefäßwandungen – Sie wissen, daß das Auge durch die lang bestehende Entzündungskrankheit zahlreiche Veränderungen erlitten hat in allen seinen Teilen. Besonders die Synechien – ich wollte sagen –

RITTER: Bitte, Synechien versteh' ich. Verwachsungen sind das in der Iris.

SABINE (*zieht ihr Notizbuch heraus*): Ich habe mir von der Patientin möglichst gedrängt den Krankheitsverlauf mitteilen lassen. Vielleicht haben Sie aus Ihrer Erinnerung etwas zu berichtigen –

RITTER (*setzt sich etwas auf, mit gespannter besinnender Aufmerksamkeit Sabine ansehend*).

SABINE (*liest aus ihrem Notizbuche ab, geschäftsmäßig*): Erste Erkrankung des linken Auges vor vier Jahren.

RITTER: Ja – am vierzehnten Juni – ich wollte gerade zur Tonkünstlerversammlung –

SABINE (*läßt sich nicht unterbrechen, indem sie abwehrend fortfährt*): – äußerte sich in leichter Herabsetzung

36

des Sehvermögens. Kein Schmerz, keine äußerliche
Veränderung.

RITTER: Doch – so – so ein wenig matt sah es aus – gegen
das rechte gesunde. – Ach sie hatte so schöne Augen.

SABINE: Ein halbes Jahr später heftige akute Entzündung. Fortbestehender chronischer Reizzustand.
Macht die tägliche Anwendung von Atropin nötig.
Trotzdem gesteigerte Wiederkehr der Entzündung. Es bleiben Trübungen in der Hornhaut, zahlreiche Verwachsungen, das Sehvermögen sinkt
immer mehr. Am rechten Auge –

RITTER: Weil wir an dem andern noch nicht genug hatten!

SABINE: Am rechten Auge vor zwei Jahren leichte sympathische Entzündung. Geht rasch und gutartig vorüber. Sehvermögen kaum herabgesetzt.

RITTER: Gar nicht, gar nicht. Isolde sagte, mit dem rechten Auge könne sie auch den kleinsten Druck lesen
in den Probierbüchern von den Aerzten –

SABINE (*erstaunt*): Brillantschrift? Das sagte sie – (*besinnt
sich, einlenkend*): Das wird eine genaue Untersuchung – vorläufig ist das Nebensache. Sie haben
sehr viele Aerzte gehabt –

RITTER: Alle Wiener Autoritäten. Geholfen hat es nicht.

SABINE (*ruhig*): Das liegt in der Natur der Krankheit. Und
sehr viele Mittel angewendet.

RITTER (*seufzend*): Auch! Eine Folterkammer. [*torture chamber*] Und wie
grob der alte Stellwag noch war –

SABINE: Zuletzt das intensivste Mittel: Quecksilbereinspritzungen unter die Haut. (*Von ihrem Notizbuch
aufsehend.*) Haben Sie ein betreffendes Rezept?

RITTER: Nein. Der Doktor wollte uns keines geben. Er
brachte das Quecksilberzeug immer mit. Ich weiß
nicht warum.

SABINE (*mißtrauisch und befremdet ihn ansehend*): Sie wissen nicht warum? Sie brauchen vor mir kein Geheimnis daraus zu machen. Ich weiß es.

RITTER (*halb verblüfft, halb verschüchtert*): Ich weiß es
wirklich nicht.

SABINE (*beißt sich auf die Lippen, ihre Augenbrauen zucken
ein wenig empor. Kälter als bisher fortfahrend*): Erinnern Sie sich, ob Ihre Tochter wirklich zweiund-
zwanzig Injektionen hinter einander bekommen
hat? Die Zahl ist ungewöhnlich. Ist da kein Irrtum?

RITTER (*hastig aufstehend und auf den Schreibtisch zugehend*): Nein. Nein. Stimmt genau. Ich werde gleich
in meinem Tagebuch – (*Nimmt aus der Mittelschub-
lade des Schreibtisches ein mäßig großes dunkel gebunde-
nes Buch, blättert einen Augenblick.*) Wo hab' ich nur –
wo ist nur – hier: vierten Oktober –

SABINE: Voriges Jahr?

RITTER: Vorigen. (*Liest.*) Heute war der so überaus wichtige Tag, an welchem Isolde die letzte Injektion, die zweiundzwanzigste, erhalten hat. Zu ihrer Belohnung – (*Bricht ab.*) Nun ja.

SABINE: Damals trat auch die stärkste Besserung ein?

RITTER: Im Sehen – links. Die Titelbuchstaben – „Neue Freie Presse" – die konnte sie wieder lesen.

SABINE: Sind Sie Ihrer Tochter wegen hierher übersiedelt?

RITTER: Ja. Wien ist gar kein Klima für Augenleidende. Der ewige Wind und Kalkstaub. Auch gesellschaftliche und Familienverhältnisse, denen man entgehen wollte. Und vor allem der Ruf Professor Bergers.

SABINE: Warum haben Sie Ihre Tochter nicht auf die Klinik gegeben?

RITTER (*mit überlegenem und etwas verächtlichem Tone*): N-ein. Preisgeben mein Kind der Willkür und Laune von so Wärterinnen. Das ist gegen meine Prinzipien. Umgekommen wäre ich vor Angst. Mein Kind…! Der Professor war dafür, alle Mittel wegzulassen.

SABINE: Nachdem alle versagt hatten. Und seine Prognose?

RITTER: Ist ziemlich günstig. (*Sich halb zurechtweisend.*) Nun ja, günstig, was man unter den Umständen so nennen kann. Der Entzündungsprozeß wird allmälig erlöschen und das Sehvermögen sich wieder bessern. Normal kann es nicht mehr werden, aber!!

39

Wir sind ja mit so wenig zufrieden. Ruhe! Ausruhen! Nach vier Jahren! Endlich!

SABINE (*beobachtend*): Die Umgebung hat immer mit zu leiden –

RITTER: Ich? Was liegt denn an mir. Aber sie soll doch ein wenig noch von ihrem Leben haben. Ich bin fertig mit dem Rummel. Aber mein Kind – wenn so'n junges Leben einem in den Händen zu Grunde geht... es ist hart.

SABINE: Was hat man Ihnen als Grundursache der Erkrankung angegeben?

RITTER: Kraut und Rüben. Jeder was anderes. Verkältung, Blutarmut, Tuberkel im Auge –

SABINE: Gelenkrheumatismus hat Ihre Tochter nicht gehabt?

RITTER: Keine Rede.

SABINE: Hat Ihnen niemand gesagt – warum – das – specifische Mittel – Quecksilber – mit solcher Energie angewendet wurde?

RITTER: Ich meine – Quecksilber ist eben ein Generalmittel gegen Augenkrankheiten.

SABINE: Gewiß. Aber bei Ihrer Tochter ist es in einem Maße zur Anwendung gekommen – so pflegt man Iriten nur zu behandeln, wenn sie die Folge sind von Allgemeinerkrankungen.

RITTER: Isolde war immer kerngesund.

SABINE: Ist Ihre Tochter schon von einem Frauenarzt untersucht worden?

RITTER: Ja. In Wien.

SABINE: Auf wessen Anregung?

RITTER: Der junge – der Professor Fuchs. Die Jungen sind immer so gewaltthätig.

SABINE: Und das Resultat? Wissen Sie etwas darüber?

RITTER (*nimmt sein Tagebuch wieder zur Hand und blättert drin*): Hier ist der Brief –

SABINE: Bitte. (*Nimmt, liest halb laut.*) „Lieber College, habe Fräulein Ritter untersucht, durchaus negatives Resultat – von dieser Seite ist die Krankheit nicht zu erklären" – u.s.w., u.s.w. Woher haben Sie den Brief?

RITTER: Fuchs meinte, es wäre ein wichtiger Beleg. Ich soll ihn aufheben.

SABINE: Und das alles ist Ihnen nicht aufgefallen?

RITTER (*mit großen Augen*): Nein.

SABINE (*unwillkürlich*): Das ist doch kaum mög... (*Bricht ab, nach kurzem Nachdenken.*) Ihre Augen sind gut?

(*Zieht während des Folgenden ein ledernes Futteral aus der Tasche, öffnet es, nimmt einen Augenspiegel und eine Lupe heraus, reibt beides mit einem ledernen Läppchen ab.*)

RITTER: Ich sehe gut – ja. Nur ganz feiner Notenstich ist mir jetzt etwas anstrengend – und besonders die französischen Partituren sind so schlecht gestochen.

41

La Damnation de Faust / Berlioz

Nachdem ich die Damnation dirigiert hatte, brannten mir die Augen wie Feuer.

SABINE: Wollen Sie sich mir gegenüber setzen – so – und dicht heranrücken – ganz dicht–

RITTER (*rückt soweit heran, daß seine Knie die ihrigen berühren. Sie sitzen beide seitwärts vor dem Tische. Sabine erhebt sich, um die Hängelampe tief herunter zu schrauben, so daß die Stehlampe die einzige Beleuchtung bildet. Nachdem sie sorgfältig an ihrem Taschentuch die Finger abgewischt, nimmt sie die Lupe*): Bitte sehen Sie mich an. (*Nachdem sie einen Augenblick erst das eine, dann das andere Auge betrachtet hat, ohne es zu berühren, läßt sie durch die seitwärts gehaltene Lupe das Licht darauffallen. Alles rasch und sicher.*) Thut Ihnen das Licht weh?

RITTER: Unangenehm – ein wenig.

SABINE (*läßt die Lupe sinken*): Sie können einen Moment ausruhen.

RITTER: Bitte – so schlimm ist es nicht.

SABINE (*schiebt die Lampe so zurecht, daß sie etwas hinter Ritter zu stehen kommt, nimmt den Augenspiegel in die rechte Hand, während sie mit zwei Fingern vorsichtig die Lider des einen Auges auseinander zieht*): Erlauben Sie – Ihre Lider sind etwas schwer – bitte nach oben sehen – nach unten – nach rechts – nach links – bitte auf meine Nase –

RITTER (*fängt unwillkürlich an zu lachen*).

SABINE (*läßt den Augenspiegel sinken*).

RITTER (*sehr verlegen*): Oh, verzeihen Sie.

SABINE (*auch ein wenig erheitert, liebenswürdig*): Ich kann's Ihnen nicht erlassen, auf meine Nase zu sehen.

RITTER (*zwingt sich zur Ernsthaftigkeit*): Oh mit Vergnügen.

SABINE: Nur eine Sekunde. (*Erhebt den Augenspiegel nochmals, betrachtet auf gleiche Weise auch das andere Auge.*) Oben – unten – rechts – links – in die Mitte... Danke. (*Legt die Instrumente wieder in das Futteral und schraubt die Hängelampe hinauf.*) Ihre Augen sind normal. Ich habe noch einige Fragen. Antworten Sie mir möglichst kurz.

RITTER: Sachlich und prägnant.

SABINE: Und aufrichtig.

RITTER (*macht eine leichte Bewegung zurück. Nicht gekränkt, aber mit zurückhaltendem Ernst*): Ich werde.

SABINE (*notiert Ritters folgende Antworten in ihr Notizbuch. Sie stenographiert, was die Bewegungen ihrer Hand bedingt*): Wissen Sie – ob in Ihrer Familie oder der Familie Ihrer Frau ernstere Augenkrankheiten vorgekommen sind?

RITTER: In meiner Familie nicht. Etwas kurzsichtig war mein Vater...

SABINE: Hatte Ihr Vater einen augenschädlichen Beruf?

RITTER: Nein. Er war Klavierbauer, Besitzer der Klavierfabrik Ritter in Wien. Und meine Mutter, die braucht heute noch keine Brille. Die Familie meiner Frau – das richtige Raubrittergeschlecht. Lauter Kraftmenschen.

SABINE: Keine Lungen- oder Herzkrankheiten?

RITTER: Meine Frau verlor ich – soll ich etwas langsamer sprechen – wegen Ihrem Aufschreiben?

SABINE: Danke. Ich stenographiere. Ihre Frau starb an –

RITTER: Vor fünf Jahren an einer akuten Lungenentzündung.

SABINE: Sie war schon früher brustleidend?

RITTER: Nein. Sie verkältete sich auf einem Ball – sehr heftig – und in acht Tagen –

Er verstummt und sieht zu Boden.

SABINE: Sie heirateten im Alter –

RITTER (*besinnt sich*): Jetzt weiß ich wirklich nicht – mit siebenundzwanzig oder achtundzwanzig – ich glaube mit siebenundzwanzig – als die Meistersinger zum ersten Mal aufgeführt wurden –

SABINE: Ihre Frau war –

RITTER: Zwanzig Jahre.

SABINE: Ihre Tochter wurde geboren –

RITTER: Nach anderthalb Jahren.

SABINE: Vorher keine Fehlgeburt?

RITTER (*errötend*): Nein.

SABINE: Ihre Frau befand sich wohl – nichts Außergewöhnliches während der Schwangerschaft?

44

RITTER (*immer röter und verlegener*): Ja – nein, wollte ich sagen.

SABINE: Die Geburt?

RITTER: War schwer.

SABINE: Mit der Zange?

RITTER: Nein.

SABINE: Ihre Frau nährte das Kind selbst?

RITTER: Nein. Das ist in Wien nicht Mode. Wir hatten eine Amme. Eine Slovakin.

SABINE: War sie gesund?

RITTER: Der Hausarzt sagte ja – sehr.

SABINE: Während der ersten Lebensjahre litt das Kind nicht an wunden Mundwinkeln? Ausschlägen? Ragaten am Zahnfleisch?

RITTER: Das kann ich nicht sagen. Ich befand mich damals fast immer auf Konzertreisen, meine Frau begleitete mich.

SABINE: Das Kind war den Dienstboten überlassen?

RITTER: Wo denken Sie hin! Bei meinen Eltern.

SABINE: Es kamen keine Kinder mehr?

RITTER: Nein. Meine Frau war sehr froh.

SABINE: Wann trat bei Ihrer Tochter die Entwicklung ein?

RITTER (*feuerrot*): Ich glaube – mit – mit vierzehn Jahren.

SABINE: War sie anämisch – blutarm?

RITTER: Gar nie.

SABINE: Strengte sie die Augen an? Abends – mit Handarbeiten?

RITTER: Auch nicht. Sie zeichnete viel, später malte sie – Porzellan und Pastell – eine eminente Begabung. *talent* (*Weist auf das Bild.*) Von ihr.

SABINE (*sieht auf*): Selbstportrait? Im Ballkleid? Sie besuchte viele Bälle und Gesellschaften?

RITTER: Meine Frau führte sie ziemlich früh ein – in die Gesellschaft. Es war so hübsch. Sie sahen aus wie zwei Schwestern.

SABINE: Einen Augenblick. (*Liest rasch murmelnd ihre Notizen durch.*) Nichts, gar nichts. Nur – (*sieht Ritter wieder durchdringend an*). Sie haben nie ein ernsteres körperliches Leiden gehabt?

RITTER: Nein.

SABINE (*sieht in ihr Notizbuch*): Sie heirateten mit – mit siebenundzwanzig. Sie werden vorher gelebt haben wie alle jungen Leute –

RITTER (*dunkelrot, unterbricht sie heftig*): Bitte mein Fräulein. Ich war fünf Jahre mit meiner Frau verlobt.

SABINE: Eine so lang dauernde Verlobung ist gewöhnlich kein Hindernis.

RITTER (*springt auf*): Hören Sie mal – Sie haben schöne Ansichten.

SABINE: Ich habe keine Ansichten. Nur Erfahrungen.

RITTER (*heftig, jedoch bemüht, sich zu beherrschen*): Sie haben mich zu fragen, was ins ärztliche Gebiet gehört. Aber es giebt Dinge, die man als Geheimnis zu betrachten hat.

SABINE: Es giebt Dinge, denen man das Geheimnis und den Nimbus nehmen muß. Darin liegt ihre Gefahr.

RITTER: Ich sehe gar nicht ein, weshalb das zwischen uns zur Sprache kommen soll. Sinnlos! (*Vor ihr stehen bleibend.*) Genieren Sie sich denn nicht?

SABINE: Sie verstehen mich nicht oder wollen mich nicht verstehen.

RITTER (*hilflos die Hände zusammenschlagend*): In Kuckuks Namen, ich verstehe Sie nicht.

SABINE: Sie sollen mir sagen, ob die Möglichkeit einer spezifischen Belastung väterlicherseits ausgeschlossen ist –

RITTER: Sie meinen wohl, ich weiß, was spezifische Belastung ist?

SABINE (*schweigt einen Augenblick, dann so gleichmäßig wie alles Vorangegangene*): Lues.

RITTER (*die Hände in den Hosentaschen, sieht sie immer noch verständnislos an. Wiederholt gleichgiltig*): Lues – (*langsam den Klang des Wortes sich erinnernd*). Was?? (*Fährt empor mit beiden Händen an die Stirne, wütend.*) Sind Sie verrückt? (*In zorniges Gelächter ausbrechend.*) Vielleicht trauen Sie mir noch zu, daß ich silberne Löffel gestohlen habe.

47

SABINE (*unbeirrt*): Also nein?

RITTER: Lächerlich! Einfach lächerlich! Und Sie mußten
wissen, daß man bei einem gebildeten Menschen –

SABINE (*mitleidig lächelnd*): Ach! Die gebildeten Menschen –

RITTER: So, und die sittlichen Grundlagen –

SABINES (*Gesicht wird ernst und finster*): Das Schwächste
im geistigen und körperlichen Organismus sind die
sittlichen Grundlagen. Das weiß jeder Arzt.

RITTER: Dann würde ich an Ihrer Stelle voraussetzen,
daß ich lüge.

SABINE (*schaut ihn an*): Lügen – Ihr Kind vielleicht blind
machen, das können Sie nicht. Ihre Unkenntnis der
Krankheit hat mich irregeführt. Darum mußt' ich
fragen. Sie haben geantwortet – ich glaube Ihnen. –
Ich werde nochmals nachsehen. (*Geht in das Schlafzimmer.*)

RITTER (*fährt sich durch die Haare, rennt an die Balkonthüre,
reißt sie weit auf und ruft hinaus*): Carl!

CARL (*kommt nach ein paar Augenblicken*): Hat sie noch
viel gequatscht –

RITTER (*noch in heller Wut*): Das kommt davon! Das
kommt davon! Wenn Frauenzimmer Medizin studieren. Ich bin doch 'n anständiger Kerl. Und so
eine Gemeinheit. Ich bitte Sie, Carl, sehen Sie mich
an. Wie seh' ich aus? Seh' ich aus wie – wie – es ist
bodenlos. Und da steht ein Frauenzimmer – und sie

ist gar nicht einmal alt – und sagt ein Wort – na!!
Der Teufel soll das ganze moderne Sauzeug holen.

CARL: Modernes Sauzeug ist gut.

RITTER (*wischt sich mit dem Taschentuche den Schweiß von
der Stirne*): Muß einem ja die Galle kommen. Blut
hab' ich geschwitzt. Glauben Sie, daß einer von
den zwanzig Doktoren, die wir zu haben das Vergnügen hatten, sich das zu fragen unterstanden
hat, was die gefragt hat?

CARL: Vielleicht wär's besser gewesen, sie hätten ja gefragt.

RITTER: Keine Spur. Das ist so die richtige Frauenzim-
mereigenschaft. Die Sucht nach was Ausgefalle-
nem, Extrawurst – das knallt die kleinen Gehirne
auf – aber ein mitleidiges Wort für das Kind –

SABINE (*kommt wieder, läßt die Thür ziemlich weit offen*): Es
geht besser.

RITTERS (*Gesicht verklärt sich, er stößt einen halben Freuden-
laut aus*): Ah – weniger Schmerzen.

SABINE: Sie wird schlafen können. Ohne Morphium.
Wenn sie noch etwas zu essen wünscht, nur eine
Tasse Fleischbrühe.

RITTER: Bouillon –

SABINE: Ja. Sie darf nichts kauen. Die Kaubewegung könnte
irritierend wirken. Wenn sie Durst hat, wollen Sie ihr
ein wenig Wein ins Wasser geben. Ich glaube nicht,

daß nachts heftige Schmerzen kommen werden.
Wenn – so geben Sie einen Tropfen Eserin – einen.

RITTER (*unsicher*): Und morgen früh?

SABINE: Werd' ich Ihnen den ersten Assistenten Doktor
Horn herausschicken.

RITTER (*schweigt einen Augenblick, während Sabine ihren
Hut aufsetzt*): Sie wollen nicht die Güte haben –

SABINE: Nein. (*In Isoldens Zimmer wird heftig geklingelt.*)

RITTER (*läuft hinein. Man hört ihn halblaut mit Isolde reden.*)

CARL: Gnädiges Fräulein haben eine sehr ernste Ansicht
von dem Leiden gewonnen?

SABINE: – Es ist eine schwere Krankheit.

CARL: Isolde ist doch unendlich zu bemitleiden –

SABINE: Noch mehr der Vater.

RITTER (*kommt zurück, verlegen*): Ich soll Sie bitten – meine
Tochter läßt Sie bitten – morgen wiederzukommen.

SABINE: Bedaure –

RITTER (*nimmt ihre beiden Hände und schaut sie halb bittend,
halb vorwurfsvoll an*): Aber ich bitt' schön –

SABINE (*bezwungen*): – Also morgen – um acht. (*Sie löst
ihre Hände aus den seinigen und zieht hastig die Handschuhe über die Finger.*)

RITTER: Wenn Sie einen Augenblick Geduld haben
wollen – ich lasse gleich einen Wagen –

SABINE: Nein ich danke. Ich brauche keinen Wagen. Ich
gehe viel lieber. Ich will gehen.

RITTER: Sie können doch nicht so spät in der Nacht –

SABINE: Ich schon.

CARL: Es versteht sich von selbst –

SABINE: Bitte sich nicht zu bemühen.

CARL: Ich habe denselben Weg.

RITTER: Ja, ja, Carl. Geben Sie auf das Fräulein Acht. Und Sie armer Junge haben nichts zu essen gehabt.

CARL: Ich geh' noch in die Wurstküche.

SABINE: Gute Nacht, Herr Ritter.

CARL (*ihm die Hände schüttelnd*): Jawohl – eine gute Nacht. Ich schieb morgen Vormittag heraus.

RITTER (*begleitet beide vor die Thür, kommt gleich zurück, gefolgt von Anna*): Ich esse nicht mehr – nein. Decken Sie ab. (*Tritt an Isoldens Schlafzimmer, rechts und links die Thürflügel zurückschiebend*): Ich mache auf, Bonni. Damit du mehr Luft hast. (*Man sieht in ein kleines Zimmer. Das Bett mit der Längsseite gegen die Rückwand gestellt. Rokokovorhänge. Nachtkästchen mit Medizinflaschen und Wasserglas. Spiegelschrank, Waschtisch mit Spiegel, auf dem eleganten, mit Spitzen drapierten Toilettetisch brennt ein Nachtlämpchen unter grünem Glas. Alle Möbel weiß lackiert mit zarten blauen Streifen. Isolde liegt tief, kaum sichtbar in den Kissen. Ritter kniet am Bette nieder und küßt ihre herabhängenden Hände.*)

RITTER: Wie geht's dir?

51

ISOLDE (*sanft aber angestrengt*): Danke – gut – – – wie gefällt sie dir?

RITTER: Na!

ISOLDE: … Ihre Hände sind so sanft.

RITTER: Sprich nicht, sprich nicht – es wird dich anstrengen.

ISOLDE: – Papa!

RITTER: Was mein Kind?

ISOLDE: Hast du mich lieb?

RITTER: Aber!

ISOLDE: Ich meine – so schrecklich lieb – über alles lieb – nur mich lieb.

RITTER: Ja ja!!!

ISOLDE: Lieber als Großmama?

RITTER: Ja.

ISOLDE (*wendet sich befriedigt auf die andere Seite*): Ich will schlafen.

RITTER (*steht auf, küßt ihr nochmals die Hände*): Gute Nacht. (*Schleicht auf den Zehen in das Wohnzimmer, zu Anna, welche eben mit dem Abdecken des Tisches fertig geworden ist.*) Schlafengehen. Pst. (*Schenkt sich ein Glas Wein ein und trinkt es hastig aus. Geht an die Verandathüre und schiebt den Riegel vor.*)

ANNA (*mit ihrem Brette abgehend*): Küß die Hand, gnä –

RITTER (*winkt ihr hastig und zornig*): Pst!!! (*Setzt sich auf einen Stuhl, zieht seine Stiefel aus und stellt sie vor die*

*Thüre. Geht in sein Schlafzimmer und kommt nach ein
paar Sekunden in Hemdärmeln mit Kissen und Bettdecke
zurück und macht sich ungeschickt ein Lager auf dem Sofa
zurecht. Die Hosenträger abknöpfend späht er nochmals
vorsichtig nach Isolde. Nach vorne gehend bleibt er vor
dem Stuhl, auf dem Sabine gesessen, stehen. Setzt sich auf
das Sofa, den Kopf in die Hände gestemmt, leise vor sich
hin, immer die Augen auf Sabinens Stuhl gerichtet.)* Ja…

ZWEITER AKT

Heller Sommernachmittag. Der Tisch ist vom Sofa weg in die Mitte gerückt und für vier Personen zum Nachmittagskaffee gedeckt. Feines Porzellan, silberne Körbchen mit Süßigkeiten und Obst, eine Krystallvase mit Sommerblumen.

ANNA *(ordnet Teller, kleine Messer und Löffel auf dem Serviertisch).*

ISOLDE *(hat den Zwicker auf, trägt ein weißes Kleid mit lichtblauer Schärpe, Rosenknospen im Gürtel, liegt bequem auf dem Sofa und wippt den halbausgezogenen Lackschuh auf der Spitze ihres Fußes hin und her. Neben ihr ein dürftig gekleidetes Mädchen von neun Jahren, die Haare aus dem Gesichte gezerrt und hinten in ein starres Schwänzchen geflochten.)*

ISOLDE *(etwas ungeduldig)*: Nein, mein Schatz, heute nicht. Morgen soll deine Mama kommen zum Vorlesen. Morgen Nachmittag um drei Uhr laß' ich ihr sagen – adieu.

KIND (*schüchtern ein Couvert übergebend*): Mama hat gesagt, ich soll so frei sein –

ISOLDE (*nimmt es*): So – sind's schon zehn Stunden – ich geb' ihr morgen das Geld – es eilt doch nicht – ich hab' wirklich keine Zeit heute – (*steckt das Couvert in die Tasche, während sie das Kind fixiert*). Warum trägst du deine Haare nicht offen? Das ist häßlich mit dem Schwänzchen dahinten – ich werde dir ein Band schenken. Morgen. Die Mama soll mich erinnern. Adieu – (*hält ihr die Hand hin*). Da – darfst mir die Hand küssen – es ist ganz gut, wenn kleine Mädchen sich artig sein angewöhnen.

KIND (*küßt ihr ungeschickt die Hand*).

ISOLDE: Kannst durch den Garten gehen – die Thüre ist offen.

KIND (*macht einen Knicks und will gehen*).

ISOLDE (*aufstehend*): Wart' mal – ich will dir was – (*ist an den Tisch getreten, sucht ein großes Stück Kuchen heraus und giebt es dem Kinde*). So mein Herzchen. Beiß' nur hinein. Schmeckt's? Was macht denn dein Klavierspielen? Ich muß doch Papa 'mal sagen, er soll dich prüfen. So, Mauserl. Adieu. (*Die Kleine geht über die Veranda ab.*)

ANNA (*kommt an den Tisch und stellt vor jedes Gedeck ein Wasserglas*): Was Gnädige gutes Herz hat.

ISOLDE: Man soll den Armen immer Gutes thun – und wenn so ein Kind nach dem Kuchen schaut, das kann ich

55

nicht mit ansehen. Und es ist so viel da. Ist die Stephaniecrême ordentlich auf Eis gestellt – fest geworden?

ANNA: Steinhart.

ISOLDE: Sag' der Babe, sie soll den Kaffee langsam aufgießen, sehr langsam. Er muß raffiniert gut sein. Ich will mich nicht blamieren, wo das Fräulein zum ersten Mal bei uns ist. Für jede Tasse anderthalb Loth. Und ja nicht vergessen – abgekochtes Obers und kaltes. Das kalte im Silberkännchen. Wenn von der Crême übrig bleibt, könnt ihr es essen.

ANNA (*ab nach dem Vorzimmer*).

ISOLDE (*geht prüfend nochmals um den Tisch, wischt mit dem kleinen Finger der rechten Hand in eine der Tassen, um zu sehen, ob kein Staub darin ist. Hält ein Wasserglas gegen das Licht, stellt es aber rasch wieder hin und fährt mit der Hand über die Augen*): Au! (*Sucht sich aus einer der Schalen mehrere Bonbons und geht essend im Zimmer herum, während sie vor sich hinsummt.*) „Ja so ein Mann kann reizend sein, ja reizend sein …“ (*Macht das Klavier auf, versucht die Melodie mit einem Finger zu spielen, greift daneben und fährt ärgerlich mit dem Daumen durch zwei Oktaven. Wirft sich gelangweilt in den Schreibtischstuhl, gähnend.*) Fad – gräßlich fad. (*Zieht ein Taschenspiegelchen heraus und schneidet Gesichter hinein.*) U – A. (*Schlägt abwechselnd mit beiden Händen auf ihre Kniee.*) Tinne, Tenne, Tanne, Tonne, Tunne… (*Schaut auf* den gedeckten Tisch, ihre Blicke bleiben mit Interesse an dem Blumensträuße haften. *Sie wendet den Kopf beobachtend hin und her, zieht rasch eine Schublade des Schreibtisches auf und nimmt ein Skizzenbuch heraus. Läuft an den Tisch, ordnet noch einiges an dem Strauß, schaut vorsichtig zur Glasthüre hinaus, ob niemand kommt, setzt sich so, daß sie die Veranda im Rücken hat, nimmt den Zwicker ab und fängt eifrig an zu zeichnen. Hie und da wischt sie mit dem Taschentuch über das linke Auge.*)

CARL (*kommt über die Veranda, sieht erstaunt auf Isolde, stürzt hin und reißt ihr das Buch aus der Hand*): Bonni – Ungeheuer!

ISOLDE (*springt mit einem Schrei auf und läßt den Bleistift fallen*).

CARL (*aufgeregt*): Schläge verdienst du –

ISOLDE (*mit beruhigtem Lachen*): Alterieren Sie sich nicht, – Don Carlos. (*Lamentierend.*) Mein Blei, mein Blei, wo ist denn mein schönster Blei!

CARL (*immer noch aufgeregt*): Ein Prachtscheusal bist du! Ohne Glas! Und zeichnen! Wirst du gleich wieder aufsetzen!

ISOLDE (*setzt ihr Glas wieder auf, gemütlich trällernd*): „Immer langsam voran, immer langsam voran, daß der österreichische Landsturm" – (*wieder im Jammertone*): Mein Blei – wo ist denn mein Blei? Unterm Tisch – (*will sich bücken*).

57

CARL (*hält sie fest*): Wirst du dich nicht bücken, daß dir das Blut in den Kopf – ich such' ihn schon – (*kniet schwerfällig nieder und sucht unter dem Tisch nach dem Bleistift*).

ISOLDE (*lachend*): Er kniet! Der dicke Carl kniet! Carl, deine Höschen werden platzen – oh, wie du aussiehst, wie du aussiehst! (*Sie will sich ausschütten vor Lachen.*) Jetzt weiß ich, was ich dir ins Album schreibe. Ich zeichne dich hinein, wie du da liegst und schreibe drunter – „lebe glücklich, lebe froh, dicker Mops im Paletot."

CARL (*hat den Bleistift gefunden, Isolde zieht mit beiden Händen an einem Arm, während er aufsteht*).

ISOLDE: Uff! Steh' auf, Mops im Paletot! Kriegst du ins Album.

CARL: Ein Album bringt ein Kalb um. (*Giebt ihr den Blei.*) Da. Und das Zeichnen wirst du bleiben lassen. Nun geht's dir endlich besser. Nun muß partout wieder krank geworden sein. Nicht wahr? Und dann liegst du wieder auf der Nase –

ISOLDE (*spöttisch kokett*): Auf meinem Näschen –

CARL: Und man möchte sich die Haare ausraufen.

ISOLDE (*wie vorher*): Meine goldenen Härchen – (*summt die Melodie*). Brüderlein fein, Brüderlein fein, mußt nicht gar so böse sein –

CARL: Laß doch das ewige Gesing –

ISOLDE: Ich werde doch mein musikalisches Gemüt herauslassen dürfen. Nein, aber ernsthaft. Du bist ein dummer Junge und das Zeichnen macht mir gar nichts. Die Sekunde!

CARL: Eine halbe ist schon zu viel. Was du mir schon für schweren Kummer gemacht hast!

ISOLDE: Jee! Schaut ihn an! Den vor Kummer zum Skelett Abgemagerten! (*Tippt mit dem Finger nach seinem Leib.*) Bis auf das Bäuchlein. Es wächst und gedeiht, wie die Lilien auf dem Felde. Ein Lilienbäuchlein.

CARL (*wird rot, geht an den Schreibtisch, wo er das Zeichenbuch niederlegt*): 'N Hansnarr bist du. Ein egoistischer Hansnarr.

ISOLDE (*geht ihm nach, halb spöttisch, halb schmeichelnd*): Carlchen, gutes dickes König Carlchen – von Island – du warst doch immer der König von Island –

CARL (*brummt unwirsch*): Rrrrr –

ISOLDE: Brummle nicht in deine sechs Barthärchen – sind übrigens um einen Millimeter gewachsen – nachher bekommst du gute Sachen – einen echten Wiener gerührten Gugelhupf – der ist einfach zum Sterben delikat – ich seh' dich schon über deinem Teller liegen – und stopfen – mm – beide Backen voll – und und dann macht er so Krebsaugen vor lauter Gefräßigkeit –

CARL: Isolde – jetzt hört die Remplerei auf –

ISOLDE (*dreht ihm eine lange Nase*): Schnecken hören auf.

59

CARL: Du wirst nicht ruhen, bis du deine Schläge hast –

ISOLDE (*hält ihm das Gesicht hin*): Bitte sich nicht zu genieren. Ohrfeige – oder – (*sehr kokett*) Kuß?

CARL (*macht eine heftige Bewegung, als wollte er sie umarmen, hält aber, von Schüchternheit übermannt, inne und wendet sich beklemmt und dunkelrot ab*).

ISOLDE (*halb ärgerlich, halb belustigt, leicht mit dem Fuß aufstampfend*): Gott, bist du dumm!

CARL (*hat sich gefaßt*): Du – sei nicht so aufrichtig.

ISOLDE (*schmollend, während sie herumgeht und an ihren Zopfenden flicht*): Macht dir ein hübsches Mädel solche Avancen –

CARL (*mit gespieltem Erstaunen*): Du bist hübsch – du?

ISOLDE: Stell' dich nicht! Ich gefall' dir doch besser als die ganze ganze ganze Welt.

CARL (*übertrieben*): Du hast Raupen im Schädel. Meinetwegen. Bilde dir nur ein!

ISOLDE: Und deine Gedichte? Etsch! (*Deklamiert*): Im Mondschein stiller Frühlingsnacht seh' ich dein Angesicht vor mir. Es flieht der Schlaf, mein Herz erwacht und wendet betend sich zu dir. (*Spricht.*) Betend sich zu dir. Hübsch. Sehr hübsch. Hab' ich's nicht wo schon gelesen? Wie ich mir vorkomme. Ich Angedichtete.

CARL: Aber Isolde, du bist schön auf dem Holzweg. Sie sind nicht an dich – meine Lieder!

ISOLDE: Also an wen? Hand darauf, daß du die Wahrheit sagst.

CARL (*besinnt sich einen Augenblick, lacht und giebt ihr die Hand*): An – Glaukopis.

ISOLDE (*sehr enttäuscht*): Glaukopis? Wer ist denn die? So ein dummer Name. So was dummes. Kopis. Wie ordinär.

CARL: Ja – ordinäre Pallas Athene!

ISOLDE: Geh', geh', geh'. Athene. Eine Kellnerin wird's sein.

CARL (*setzt sich behaglich an den Tisch und nascht ein paar Bonbons*): Nun zapple dich ab, du neugierige Gretel. Dir geht noch lange kein Seifensieder auf.

ISOLDE (*wirft sich verstimmt aufs Sofa. Mit einem langen Gähner hinter der vorgehaltenen Hand*): Ach.

CARL: Wie du huhjahnst!

ISOLDE: Laß das Kaudergewälsch. Langweilig bist du – zum Sterben.

CARL: Was du heute schon wieder zusammengestorben hast.

ISOLDE: Hast du nichts gehört über sie?

CARL: Ueber wen?

ISOLDE: Ueber die Graef! Natürlich!

CARL: Wie so natürlich? Ich geh' nicht auf die Spionage.

ISOLDE: Thu nicht so großartig. Spionage! Was weißt du? Ich schenk' dir auch den Dieffenbach als Bierzipfel. Schnell, schnell, schnell.

CARL (*die Daumen übereinander drehend*): Pressiert ganz langsam.

ISOLDE: Wo sie nur Medizin gelernt hat?

CARL: In Zürich! Wo denn. An unsere Universitäten dürfen keine Frauenzimmer.

first german university to admit women

ISOLDE: Frauenzimmer! Wie du dir den Papa angewöhnst.

CARL: In Zürich hat sie auch ihren Doktor gemacht. Summa cum laude.

ISOLDE: Heißt das gut?

CARL: Mit höchster Auszeichnung. Seid ihr Mädels dumm.

girls

ISOLDE: Lateinprotz! So gescheit wie du ist die Graef auch noch.

clever

CARL: Ein gescheiter Racker.

scamp

ISOLDE: Nur versteh' ich nicht, wie sie immer dasselbe Kleid anhaben kann. Immer dasselbe. Man sieht sich's doch so über.

CARL: Ihr Benehmen hat auch immer dasselbe Kleid an.

ISOLDE: Komisch! Aber sie schwätzt nicht. Ich weiß doch, was ich für Aerzte gehabt habe – vor allem erzählen sie einem ihre Lebensgeschichte. Sie redet gar nichts, als was einen selbst angeht. Und wenn sie einen anfaßt – diese seidenen Hände. Das hat mich so eingenommen am ersten Abend. Uebrigens wenn sie nicht auf ihre Medizin kommt – gesellschaftlich ist sie schüchtern wie ein Backfisch.

adolescent girl

CARL: Von bildender Kunst versteht sie jedenfalls gar nichts. Ich wollt' bißchen anklopfen – über italienische Malerei. Vernagelt. Meinst du, die war schon in der Pinakothek? Ich glaube, die kennt keinen Phidias von einem Zuckerbäcker weg.

ISOLDE: Eben ungebildet.

ANNA (*macht die Thür des Schlafzimmers halb auf, ein paar mit roter Flüssigkeit gefüllte Fläschchen heraushaltend*): Gnädige – ist das für Wegwerfen?

ISOLDE (*hastig aufspringend und an die Thüre laufend*): Was fällt dir denn ein? Das wird aufgehoben.

ANNA: Ist doch neue Flasche da.

ISOLDE: Wird aufgehoben!! Gieb mir das Flacon von der Toilette her.

ANNA (*verschwindet*).

CARL (*auf die zwei Fläschchen deutend, die Isolde in der Hand hält*): Was ist das für eine Delikatesse?

ISOLDE (*mit komischem Stolz*): Gift. Eserin. Aber man kann's nicht mehr brauchen. Es ist zu alt. Schon ganz rot geworden. 'S wird nämlich rot, wenn's alt wird. Wie Rubin, nicht wahr?

CARL (*geekelt*): Schöner Rubin mit dem Totenkopf darauf! Pfui! Wirf's doch weg.

ISOLDE: Ja wohl. Gleich werde ich Ihre Befehle erfüllen.

ANNA (*reicht durch die Thüre ein geschliffenes Flacon, welches bereits ein Drittel mit roter Flüssigkeit gefüllt ist*).

ISOLDE (*stellt es auf den Schreibtisch und leert die beiden Fläschchen vorsichtig hinein*): Rotes Gift. Das ist doch wie aus einem Trauerspiel. Früher war Iris blanc in dem Flacon. Giebt dir das nicht Anlaß zu psychologischen Gedanken, Carl?

CARL: Philosophischen!

ISOLDE: Ach das ist doch toute même chose. So, nun pickre ich mir – pickre ich mir – einen Zettel auf die Phiole – aber was schreib' ich für ein Motto darauf – was Altes – Mittelalterliches – ich schwärme fürs Mittelalter.

CARL: Bist aber doch mehr Rokokostil – Venetianer Filigran.

ISOLDE: Nicht wahr? Die Taille! Und die Graef?

CARL: Aechte Gothik –Spitzbogen.

ISOLDE (*während sie eine Etikette aus einem Schächtelchen nimmt und die Feder eintaucht*): Und du?

CARL: Barock – Zopf.

ISOLDE: Dicker Zopf! Jetzt weiß ich es. Das Motto. Aus Tristan und Isolde. „Für tiefsten Schmerz, für höchstes Leid gab sie den Todestrank." Todestrank. Das klingt so schön gruselig und ich mag das Gruselige.

CARL: Wo ist denn dein glücklicher Erzeuger?

ISOLDE (*mit der Feder über ihre Schulter nach Ritters Zimmer weisend*): Da drin – glaub' ich. Stör' mich nicht, sonst läuft mir die Hand davon.

64

CARL (*nimmt sich ein Stück Kuchen*): Wenn du meinst, ich lasse mich zum Nachmittagskaffee einladen und warte bis Mitternacht –

ISOLDE (*schreibend*): „Sie – den – " die Graef kommt erst um fünf. Ist es schon?

CARL: Nein. Dreiviertel.

ISOLDE: „Todestrank." (*Trocknet das Geschriebene am Fließpapier und klebt die Etikette auf die Flasche. Sieht, daß Carl ißt*): Mir auch.

CARL (*läßt sie abbeißen*): So so. Bist du noch nicht zum Sterben bereit.

ISOLDE (*ruft*): Anna! – Jawohl, Sterben. Den Gefallen werd' ich dir thun, damit du allen Kuchen essen kannst.

ANNA (*kommt aus dem Schlafzimmer*).

ISOLDE (*giebt ihr die beiden leeren Fläschchen*): Die wegwerfen. Und das da (*giebt ihr das Flacon*) in den roten Plüschkasten, in den viereckigen. Wo das Lavendelsalz drin ist.

ANNA (*ab*).

CARL: Gift und Lavendelsalz – Ideen hast du wie'n Haus.

RITTER (*kommt durch die Korridorthüre, einen offenen Brief in der Hand*): Ah! Don Carlos! Salamaleikum. Grüß Gott ... geht's?

CARL: Danke – unterwachsen.

RITTER: Was sagen Sie zu unserm Kind? Wie die aussieht? Die Backen?

CARL: Ja – Rubenssche Kinderbacken – beinahe.

RITTER: Gott sei Dank, Gott sei Dank! Ja die Graef! Ein tüchtiges Frauenzimmer. Merkwürdig! Aber wirklich sie hat Verstand. Wirklich! (*Weist auf den Brief in seiner Hand.*) Brief, Bonni, von Großmama. Ueberglücklich natürlich, daß es dir besser geht. Bis zum Winter – ob wir nicht heimkommen?

ISOLDE: Nicht um Venedig.

RITTER: Das alte Mutterl. Sie dauert mich. Sie hat so Sehnsucht. Es ist doch auch – wenn man bald siebzig wird – und getrennt und allein sein –

ISOLDE (*nervös an ihrem Taschentuch arbeitend*): Ich mag nicht, ich mag nicht. (*Hat mit dem Taschentuch das Couvert herausgeworfen, welches Carl aufhebt und ihr übergiebt.*) Papa, gieb mir Geld. Die Stunden bezahlen. Und sonst brauche ich noch verschiedenes. Viel Geld.

RITTER: Mein Geld! Du wirtschaftest wieder aus mir heraus.

ISOLDE: Wirtschaftest aus mir – was er sich für ein Air giebt.

RITTER: Bonni, von einem Papa redet man nicht per er.

ISOLDE: Du bist doch keine sie! Er versteht nichts von Geld Carl, er er er.

RITTER: Die habe ich gut erzogen! Prachtexemplar. Ich schreib' ein paar Zeilen an Großmama. Willst du nicht ein Wort darunter –

ISOLDE: Ich kann nicht schreiben, meine Augen –

RITTER: Nur Gruß und Kuß –

ISOLDE (*eigensinnig*): Nein Papa, das weiße Papier, das blendet – nein nein. Das kann mir schaden.

RITTER (*nach seinem Zimmer gehend*): Dann nicht.

ISOLDE: Ziehst du nicht den schwarzen Rock an?

RITTER: Gewiß – ich muß doch fein sein.

ISOLDE: Und eine andere Krawatte. Deine ist schon sehr faniert.

RITTER: Ja, auch. Ist der Mensch geplagt! (*Ab in sein Zimmer.*)

CARL: Du mit deinen Ausreden! Warum hast du ihm nicht den Gefallen gethan?

ISOLDE (*wirft die Lippen auf, wiegt sich halb tanzend von einem Fuß auf den anderen*): Wenn ich nicht mag, mag ich nicht.

CARL: Mir scheint, du magst deine Großmutter nicht.

ISOLDE: Na – so so lala. Ich vertrag' mich nicht mit ihr.

CARL: Modernes Enkelkind aus den Fliegenden.

ISOLDE: Großmama ist mir zu gescheit. Ich mag nicht Leute um mich, die mehr Verstand haben als ich.

CARL: Danke!

ISOLDE: Bitte sehr. Gut ist Großmama auch. Gewiß. Aber der Papa geht ihr über alles. Mein Heinrich, mein Sohn, mein Heinrich – immer fort wie eine Drehorgel.

Ich bin nur so 'ne Gemüsebeilage. Da habe ich so-
lange an Papa gebohrt, bis wir weg sind.

CARL: Daß er seine glänzende Stellung als Konzertdiri-
gent so leicht aufgegeben hat.

ISOLDE: Es war ihm nicht leicht. Gar nicht leicht war's ihm.

CARL: Der ist wirklich nur für dich auf der Welt.

ISOLDE: Ja – so gehört sich's.

CARL (*sieht durch die Verandathüre*): Du – sie kommt.

ISOLDE (*tritt zu ihm*): Aha – die graue Medizinflasche.
(*Winkt mit der Hand hinunter.*) Bon jour, bon jour –
(*halblaut zu Carl*) Gott, sie ist doch gar nicht hübsch
– sie will nicht hübsch sein – oder sie denkt nicht
daran zu wollen – bitt dich, klingle, daß das Mädchen den Kaffee bringt –

CARL (*klingelt*).

ISOLDE (*ein paar Schritte Sabine entgegen. Sehr lebendig mit
unbewußter Uebertriebenheit*): Das ist lieb, das ist nett,
das ist herzig von Ihnen, ich freue mich ganz unendlich –

SABINE (*eintretend, gekleidet wie im ersten Akt, das Gesicht
leicht gerötet vom raschen Gehen*): Guten Tag, Fräulein. Warum schauen Sie in die Sonne? Das sollen
Sie nicht. (*Erwidert Carls Verbeugung mit leichtem Kopfnicken und zieht ihre Handschuhe aus.*)

CARL: Da könnt' ich Ihnen noch ganz andere Streiche –

ISOLDE: Alte Klatschbase! Hol den Papa.

CARL (*klopft an Ritters Thüre und tritt ein*).

SABINE: Wollen Sie mich einen Augenblick sehen lassen –

ISOLDE (*nimmt den Zwicker ab*).

SABINE (*nachdem sie mit raschem scharfem Blick in die Augen gesehen*): Und nun schließen und heruntersehen (*befühlt vorsichtig mit Zeige- und Mittelfinger beider Hände erst das eine dann das andere Auge*). Gut. Sehr gut. Die Spannung ist normal. Setzen Sie nur wieder auf. (*Während sie ihren Hut abnimmt, den Isolde mit den Handschuhen auf das Klavier legt.*) Die Injektion ist sehr gering – Sie haben auch kein Schmerzgefühl?

ANNA (*ist mit einem großen Servierbrett eingetreten, setzt es auf den Serviertisch, schenkt dann Kaffee in die Tassen und stellt die Kannen auf den Tisch*).

ISOLDE: Eigentlich nicht. Nur so – ich spür' halt, daß ich ein Aug' hab'.

RITTER (*im schwarzen Rock, hinter ihm Carl. Er giebt Sabine freundlich die Hand*): Das ist nett von Ihnen, daß Sie endlich 'mal gekommen sind.

SABINE (*etwas befangen*): O bitte – ich muß danken, daß – (*verstummt*).

ISOLDE (*vom Tisch her*): Der Kaffee wird kalt – bitte Platz nehmen – hier Fräulein von Graef – und du, Papa, daneben – und Carl neben mich. So. Bedienen muß sich jeder selbst, genötigt wird nicht, das ist altmodisch.

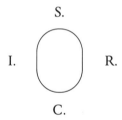

S.

I.   R.

C.

RITTER (*setzt sich, nimmt ein wenig Kaffee auf den Löffel und läßt ihn wieder in die Tasse laufen*): Die Farbe ist gut. (*Beugt sich riechend über die Tasse.*)

ISOLDE: Papa – steck' doch nicht die Nase hinein – genier' dich (*zu Sabine halb entschuldigend*): Kaffee ist Papas Leidenschaft. Da wird er ganz unzurechnungsfähig.

CARL (*der fortwährend mit vollen Backen und sehr viel ißt*): Bitte, laß mir mal den Zucker 'rüberwachsen.

ISOLDE (*bemerkt, daß Sabine etwas verlegen auf ihre Tasse sieht*): Er ist Ihnen wohl zu stark?

SABINE (*immer ein wenig schüchtern*): Ja – ich – ich bin Kaffee nicht gewöhnt.

RITTER: Sie trinken am Ende gar keinen?

SABINE: Nein.

ISOLDE (*lachend*): Jetzt haben Sie's mit Papa verschüttet.

RITTER: Wie kann ein anständiger Mensch keinen Kaffee trinken. Und solchen – nicht das Kaffeehausgesöff –

ISOLDE: Papa!! Sei nicht unparlamentarisch!

RITTER: Was trinken Sie denn?

SABINE: Milch.

RITTER (*schneidet ein Gesicht*): Puh! So was dünnes – da bekommt man ja Sodbrennen.

ISOLDE: Versuchen Sie ihn 'mal – ich gebe Ihnen sehr viel Obers – und Zucker – Zwei? Drei?

SABINE: Bitte keinen.

ISOLDE: Aber Fräulein, wie kann man sich das Leben so erschweren!

SABINE: Ich – (*schweigt befangen*).

ISOLDE: Warum nehmen Sie keinen Zucker?

SABINE: Vor Jahren mußte ich es mir abgewöhnen und jetzt kann ich mir's nicht mehr angewöhnen.

ISOLDE: Warum mußten Sie?

RITTER (*etwas geärgert über ihre Fragen*): Sei doch nicht so neugierig! Warum, darum!

SABINE (*einfach*): Oh – es ist kein Geheimnis. Ich war – (*stutzt vor dem Wort und sucht es zu umschreiben*). Es langte mir nicht – (*mit plötzlichem Entschluß*). Ich war arm.

ISOLDE (*schlägt die Hände zusammen*): So arm kann man sein!

SABINE (*mit sanftem Lächeln*): Noch viel ärmer. Ich gehörte noch zu den Bevorzugten. Ich hatte Brot.

ISOLDE: Was thut man denn da? Man weint?

SABINE (*immer lächelnd und sicherer als bisher*): Nein. Man arbeitet.

ISOLDE (*blickt Sabine von der Seite an, wie man ein merkwürdiges Tier ansieht, in taktlosem Tone*): Ach!

71

SABINE (*unwillkürlich auf den Ton reagierend hebt den Kopf höher und sieht Isolde mit einem schönen stolzen und traurigen Ausdruck ihres Gesichtes an*).

RITTER (*räuspert sich*): Hm – Isolde – Gelbschnabel. Natürlich arbeitet man. Die ganze Welt arbeitet. Ich arbeite auch. (*Mit plötzlicher Wendung.*) Spielen Sie Klavier?

SABINE: Nein.

RITTER: Aber Sie singen?

SABINE: Früher – manchmal.

RITTER: Natürlich Altstimme. Wir wollen gleich 'mal probieren. (*Läuft ans Klavier.*)

ISOLDE (*zu Carl*): Siehst du, so ist er. Musikrappel.

RITTER (*schlägt eine Oktave an*): Singen Sie das 'mal auf la –

SABINE (*dunkelrot*): O bitte bitte – ich kann nicht – ich habe gar keine Stimme – ich kann nicht.

ISOLDE (*legt ihr die Hände auf die Schulter*): Seien Sie ruhig. Ich leide es nicht – die Quälerei. Aber Papa – laß doch das arme Fräulein. Meinst du, jeder hat nur so Musik im Kopf wie du. Komm her! Sei brav, Heinricherl. (*Carl lacht, Sabine lächelt.*)

RITTER (*kommt wieder an den Tisch*): Lassen Sie 'mal Ihre Hände sehen. (*Nimmt ohne weiteres Sabinens Hände, biegt sie und dehnt die Finger auseinander.*) Sehr gute

Klavierhand. Sehr gut. Kräftig und doch elastisch. Und keine langen Nägel. 'Mal vernünftig.

SABINE: Die gehen nicht zum Operieren.

ISOLDE: Schrecklich. Werden Sie nicht gleich ohnmächtig?

SABINE: Ich bin noch nie ohnmächtig geworden.

ISOLDE: Wenn Sie Blut sehen? Ich schon. Haben Sie heute schon jemand operiert?

SABINE: Mehrere.

ISOLDE (*unwillkürlich wegrückend*): Gott – es hat doch was ähnliches mit Menschenfresser – ein Arzt.

RITTER: Haben Sie ein bißchen daneben geschnitten?

SABINE (*lächelnd*): Daneben schneiden – Sie stellen sich wohl eine Augenoperation nicht ganz richtig vor.

RITTER: Na – haben Sie Ihre Sache gut gemacht oder nicht?

SABINE (*geniert und zögernd*): … Ja.

ISOLDE: Und da erzählen Sie uns nicht eine große Heldengeschichte? Sie müssen ein bißchen Pflanz reißen –

SABINE (*verwundert*): Pflanz reißen? Was ist das?

RITTER: Bonni – albern!

CARL: Wiener Gigerlwort! Heißt sich aufthun, prahlen, sich illuminieren.

SABINE (*mit leichtem Kopfschütteln*): Ein trauriges Vergnügen.

CARL: Wenn man keinen Grund hat.

SABINE: Auch wenn man Grund hat.

CARL: Da ist es verzeihlich – bei einem Genie –

SABINE (*schüchtern aber fest*): Ist das nicht – Königsschwäche?

ISOLDE: Ein König darf sich doch mehr erlauben als andere Menschen.

SABINE: Ich meine, er soll sich weniger erlauben.

RITTER (*der sich ein paar Mal geräuspert hat*): Erlauben Sie. Der innere Krieg zwischen den sinnlichen, den sittlichen und den geistigen Faktoren im Dasein des Volkspöbels –

SABINE (*sich einen Augenblick vergessend mit aufglänzenden Augen*): Und der Königspöbel?

ISOLDE (*dazwischen fahrend*): Ach was, ach was – Könige muß es geben und Prinzen und Prinzessinnen. Nicht wahr Carl? In den Märchen sind auch immer Könige.

SABINE: Und Bettler.

ANNA (*hat die Kaffeetassen weggenommen und serviert in einer Glasschale die Crème*).

ISOLDE (*ist aufgestanden und flicht aus Ritters Haaren dünne Zöpfchen*).

RITTER (*zu Sabine, welche sich eben von der Crème nimmt*): Warum nehmen Sie sich denn nicht ordentlich? So essen Sie doch, in drei Teufels Namen.

ISOLDE: Liebenswürdige Aufforderung. Halt still, Chinese. Ich reiß' dir sonst einen ganzen Schüppel Haar aus.

CARL (*schüttelt sich vor Lachen*): Chinese, Chinese!

RITTER (*zu Sabine*): Wollen Sie nicht von dem Obst? (*Reicht ihr die Johannisbeeren.*) Von den Ribiseln? Die

hat Wagner so gern gegessen. Kennen Sie die Werke
von Wagner?

sich verschlucken

ISOLDE (*gleichzeitig zu Carl*): Verkutz' dich nicht.

SABINE: Gar nicht.

RITTER (*ungläubig*): Gar – nicht? Nicht einmal Lohengrin?

SABINE (*wieder in ihrer ersten Befangenheit*): Ich habe so wenig Zeit – und wenn man nicht begabt ist – Interesse kommt doch aus der Begabung. *talent*

RITTER: Unglaublich! – Wie kann man –

ISOLDE (*über seinen Kopf hinweg*): Ja Papa, es kann nicht
jeder so gescheit sein wie du. So ein Allergescheite-
ster. Fräulein, schauen Sie ihn an. Er ist der Johan- *nicknname for Bernstein own father*
nes. Der Johannes der Wagnerschen Sache, so haben *John the Baptist to Wagner*
sie ihn genannt, nicht wahr, Papa, wie du jung warst?

RITTER (*halb geschmeichelt, halb lächelnd*): Ja – ich hab'
eben ein bißchen geholfen, die Thüren einschlagen
für die neue Kunst.

ISOLDE: Er war einmal ein Revolutionär, das sanfte
Tierchen. Ich habe aber doch gar keinen Respekt vor
ihm. Bist du mein Papa? Ach nein, du bist gar nicht
mein Papa! Du bist mein Wickelkind und ich bemut- *mother*
tere dich. So mager ist er. Wie die Kleider an ihm
herunterweinen! Gott – drollig – so ein Armitschka. *Armer*

SABINE (*leise, innerlich berührt*): Sehr lieb haben Sie ihn.

ISOLDE (*küßt ihn auf die Haare*): Man muß ihn lieb haben.
(*Zieht ihn an dem Zöpfchen in die Höhe.*) Fertig! Nun

75

mach's nur nicht gleich wieder auseinander, mein
Kunstwerk. Mir scheint, es ißt niemand mehr. Dann
hebe ich die Tafel auf. Wer will kann sich ja noch
holen. Nicht wahr, Carl?

RITTER: Und nun? In den Garten?

SABINE: Für Fräulein Isolde ist es noch zu viel Sonne.

RITTER: Eine Cigarre, Carl? Die Damen entschuldigen
uns schon für ein paar Augenblicke. (*Halblaut zu
Carl.*) Ich möcht' mir nämlich gern die Abendzei-
tung ansehen – sie muß schon da sein.

ISOLDE: M! Entschuldigen – Damen –

RITTER: Nicht wahr, ich kann auch galant sein.

ISOLDE (*von einem Gedanken erfaßt*): Ja – Fräulein, rauchen
Sie nicht? Cigarretten?

SABINE: Danke.

CARL: Gehört das nicht zum Doktor?

SABINE: Zu mir nicht.

RITTER (*eifrig*): Recht, recht. Frauenzimmer sollen keine
Schornsteine sein. Nicht so lange reden, Kinder,
nicht so lange reden. (*Mit Carl ab in sein Zimmer.*)

ISOLDE (*nachrufend*): Papa – steck' nicht das brennende
Ende in den Mund. (*Zu Sabine.*) Er kann nämlich
nicht rauchen, er stellt jedesmal was an.

SABINE (*hat sich rechts vorne in einen der Lehnstühle gesetzt
und sieht Isolde unverwandt an*).

ISOLDE (*noch stehend*): Hab' ich was – weil Sie mich so anschauen.

SABINE: Nein, nein. Sie gefallen mir – wie noch nie.

ISOLDE (*setzt sich*): Nicht wahr? Das Kleid ist chic.

SABINE (*den Kopf ein wenig auf die Seite geneigt*): Wie lieb Sie mit ihm waren – wie drollig – und wie ähnlich Sie ihm sind – in solchen Momenten.

ISOLDE: Dem Papa? Aber Fräulein – ich bin ja der Mama aus dem Gesicht geschnitten.

SABINE: Innerlich ähnlich meine ich.

ANNA (*tritt ein, räumt den Tisch ab*).

ISOLDE: Pardon – Anna – den Aufsatz lassen Sie stehen und die Glasteller. (*Wendet sich wieder zu Sabine*): Was wollten Sie sagen?

SABINE: So wie heute sollten Sie immer sein.

ISOLDE (*bequem zurückgelehnt*): So bin ich auch mit ihm – wenn ich guter Laune bin. Er ist ja wirklich so'n gutes Mannerl.

SABINE: Er ist mehr als gut. Er ist gütig.

ISOLDE: Und Sie müssen nicht denken, daß er unfein ist wegen den paar Grobheiten – es ist eben Spaß.

SABINE: Aber liebes Fräulein, halten Sie mich für so unfein ... Der ist so vornehm wie's Kinder sind. So ein reiner Mensch. So ein junger Mensch.

ISOLDE: Und er ist doch ein Armitschka. Er nimmt sich alles so arg zu Herzen. Wenn es mir schlechter geht

– nur auf ihn fürchte ich mich. Da macht er so ein stilles Gesicht – ganz klein und blaß – und in seiner Stimme ist so was Leises – o schrecklich!

SABINE: Ist das nicht auch Ihre Schuld? Sie sind nicht offen, Fräulein Isolde, Sie sind nicht offen. Sie erhalten Ihren Vater in einem fortwährenden Irrtum über Ihren Zustand – und über die Möglichkeit der Besserung. Ich könnt' es nicht. Ich könnte nichts verheimlichen. Ich bitte Sie – der nächste Zufall kann ihm weit härter – wie an dem ersten Abend – grad daß ich mich noch besann – und er glaubt, daß Sie links noch halbe Sehschärfe haben. Nicht ein Zehntel. Sie wissen's doch.

ISOLDE: Ich kann's ihm nicht sagen. Eher laß ich mich umbringen. Und wenn ich stockblind werde.

SABINE: Sie haben nicht Recht. Nicht Recht. Er ist zart in seinem Empfinden, nicht schwach.

ISOLDE: Was kennen denn Sie von ihm. Ich kenne ihn. Er zerbricht mir, wirklich er zerbricht mir – mein Papa! Sie Böse! (*Fängt an zu weinen.*)

SABINE (*springt erschrocken auf und legt von rückwärts die Arme um sie*): Liebe Isolde – liebes Kind – nur das nicht – nur nicht weinen – Sie schaden sich – bitte – nicht weinen.

ISOLDE (*rasch getröstet, schon wieder mit halbem Lächeln*):
Wenn Sie einen auch so quälen. Sie sind à la Großmama.

SABINE (*hat sich wieder gesetzt*): Und Sie, Sie sind wie alle
kranken Kinder. Und gar ein mutterloses.

ISOLDE (*mit unechter Sentimentalität*): Nicht wahr? Was in
mein junges Leben schon hereingebrochen ist – so
viel Malheur. – – – Gehen Sie gern auf Bälle?

SABINE: Ich war noch nie auf einem Ball.

ISOLDE (*schaut sie ungläubig an*): Oh!

SABINE: Ich kann nicht tanzen.

ISOLDE: Sie Unglückliche. Aber wie wollen Sie denn da
heiraten?

SABINE (*lacht herzlich*): Ich will ja gar nicht.

ISOLDE: Ach das sagt man – wenn ich nicht krank geworden wäre – mit neunzehn Jahren hätte ich einen
Mann haben müssen – wie ich einmal so weit war,
um das Heiraten zu kapieren. Wie alt sind Sie denn?
Ich sag's nicht weiter.

SABINE: Bitte – ich bin achtundzwanzig.

ISOLDE: Achtundzwanzig? Aber da eilen Sie sich nur. Vor
dreißig geht's gerade noch. Aber nachher – da besinnt sich jeder – eine alte Jungfer.

SABINE: Ich werde eine.

ISOLDE (*sieht sie forschend an*): Haben Sie sich jemanden
eingebildet? Eine unglückliche Liebe?

SABINE: Liebes Fräulein – wenn man immer so viel zu arbeiten gehabt hat wie ich – da findet man gar keine Zeit für eine unglückliche Liebe.

ISOLDE: Ich war schon verliebt – hundertmal. Es giebt so interessante junge Männer. Und gar wenn sie so ein bisschen haut goût haben. Bei einem Manne schadet das ja nichts. Ach ja, Männer. Ist doch das einzige Amüsante im Leben. Der Carl ist angreifend tugendhaft. Gefällt er Ihnen?

SABINE: Ich kenne ihn nicht.

ISOLDE: Sehr ein guter Junge. Aber kein Odeur für Frauen. Man muß eben vorlieb nehmen.

SABINE (steht auf, ein wenig beklemmt): Ich weiß nicht, Fräulein – ich versteh' Sie nicht – aber Sie machen mich so traurig.

ISOLDE (steht ebenfalls auf und nimmt vertraulich Sabinens Arm): Sie müssen mir Geständnisse ablegen. Sie müssen doch ein zu ereignisreiches und pikantes Leben hinter sich haben.

SABINE: O nein!

ISOLDE: Ein Fräulein Doktor! Und Sie können sans gêne mit mir reden. Ich bin gar nicht mehr so naiv dumm. Also Sie haben schon nackte Menschen gesehen?

SABINE: … Ja.

ISOLDE: Frauen – und Männer?

SABINE: … Ja.

80

ISOLDE: Gott, ist das eigentlich unanständig. Macht's Ihnen Vergnügen?

SABINE (*macht sich los von ihrem Arm und sieht ihr fest in die Augen*): Was meinen Sie damit?

ISOLDE (*keck und unbefangen*): Sie müssen überhaupt eine Menge wissen, was man sonst nicht weiß, – Mädchen. In Büchern wird manchmal angedeutet – in medizinischen muß doch das viel ärger stehen? Wird man nicht verdorben dadurch?

SABINE (*sieht sie von der Seite an*): Es kommt auf die Person an, nicht auf das Buch – scheint mir.

ISOLDE: Haben Sie immer nur wegen dem Lernen gelesen? Oder auch aus Neugierde?

SABINE: Würden Sie aus Neugierde dergleichen lesen?

ISOLDE (*wird rot, lacht, giebt keine Antwort und schaut auf ihre Fußspitze in ihrem Schuh die Zehen hin und her bewegend*).

SABINE (*preßt die untergeschlagenen Arme langsam zusammen, sich von Isolde gleichsam zurückziehend*).

ISOLDE (*wirft die Lippen auf und den Kopf zurück*): Ich bin doch erwachsen. Geheimnisse machen neugierig. Man denkt nach darüber – und es ist angenehm – so ein schläfriger Sommerabend – in der weichen Hitze ... ... (*lacht mit halbgeschlossenen Augen vor sich hin, biegt den Kopf in den rechten Arm zurück und küßt sich leidenschaftlich auf die linke Hand*).

SABINE (*schmerzlich, nur halb zu Isolde*): Das auch noch! – Wissen Sie Fräulein Isolde, was ich Ihnen verschreiben werde? Alle Tage eine kalte Douche und etwas zu thun müssen Sie bekommen, Beschäftigung.

ISOLDE (*sie mit großer Enttäuschung ansehend*): Und das ist alles, was Sie mir erzählen?

SABINE: Erzählen? Was denn? In einem Sinn könnte es sein, daß Sie mehr wissen als ich. Und was ich weiß, das paßt nicht für ein ungesundes Gefühl – für diese halbwüchsige Hysterie.

ISOLDE (*feindselig sich abwendend*): Ah – so sind Sie.

SABINE: Ja Fräulein, so bin ich. Und Sie sind zu gescheit um nicht selbst – fragen Sie sich doch ehrlich: können Sie ihm in die Augen schauen – Ihrem Papa?

ISOLDE (*hat die Hände auf dem Rücken gekreuzt, geht herum und singt*): Schla Naninka doselli, doselli, doselli – (*spricht*): Ach Gott, Sie haben wohl für Ernst genommen, was ich sagte?

SABINE: Es war Ihr Ernst.

ISOLDE (*singt*): Naterhalla lupeni – (*sprechend*): Ich liebe die Originalität.

SABINE (*kurz einfach*): Ich nicht.

ISOLDE (*nagt an ihren Lippen und versucht zu lachen*).

RITTER (*kommt mit einer Zeitung in der Hand, hinter ihm Carl*): Da sieht man's wieder. Ueber alles mögliche wird geredet, über jeden Quark, aber was einen interessieren könnte, da schnaufen sie nicht davon. (*Hält Sabine die Zeitung hin, mit dem Finger auf eine Stelle deutend*): Das wissen Sie doch?

SABINE (*wirft einen flüchtigen Blick auf die Stelle*): Ja.

RITTER: Warum sagen Sie das nicht gleich? Man freut sich doch gern miteinander. (*Schüttelt ihr die Hand.*) Gratuliere, gratuliere!

ISOLDE (*zu Carl mit hinweisender Kopfbewegung auf Sabine*): Verlobt?

CARL: Nein, preisgekrönt, von der Akademie der Wissenschaften in Paris. Für eine Arbeit!

ISOLDE: Geld?

RITTER: Ja wohl! 3000 Francs!

ISOLDE: Nun werden Sie sich doch ein neues Kleid machen lassen?

SABINE: Erst ein paar neue Instrumente.

RITTER: So schauen Sie sich doch an, wie Sie gedruckt aussehen. Ganz gut.

SABINE (*mit leichtem Unbehagen abwehrend*): Finden Sie? Mir hat's etwas Gewöhnliches, in einer Tageszeitung – es sieht aus wie Reklame.

ISOLDE (*leise zu Carl*): Posiert die auf Bescheidenheit!

CARL: Was habt ihr inzwischen geweisheitet miteinander?

ISOLDE (*mit einem verständnisinnigen Blicke*): Nachher. (*Nimmt seinen Arm.*) Ich möcht' jetzt auf die Luft gehen – in den Garten.

83

RITTER: Noch viel zu hell – viel zu hell.

ISOLDE (*mit der Hand hinausweisend*): Dämmert doch! (*Halb singend, indem sie mit Carl über die Veranda abgeht*): Ich geh' ein wenig flirten – flirtieren –

RITTER (*zu Sabine*): Meinen Sie nicht, daß es ihr –

SABINE: Lassen Sie nur. Die Bewegung ist ihr gut. Sie soll überhaupt mehr Bewegung machen. Wir müssen ihre ganze Lebensweise verändern – die Diät und –

RITTER (*erschrocken unterbrechend*): Wegen den Augen?

SABINE: Nein – nicht direkt. Die Augen sind so gut als man bei einem chronisch gewordenen Zustand verlangen kann.

RITTER: Ich bin Ihnen so dankbar. Ach ich sag' Ihnen, diese Beruhigung, endlich einen vernünftigen Arzt zu haben, denn das ist doch Ihr Verdienst, die Besserung.

SABINE: Aber gar nicht, Herr Ritter, aber gar nicht! Sie irren sich vollständig. Jeder Arzt hätte Ihre Tochter ebenso behandeln können –

RITTER: Können! Aber sie haben's nicht gekonnt! Ich halt' mich an den Erfolg. Jetzt ist es besser geworden …

SABINE: Von selbst, ganz von selbst. Genau so unerklärt wie die Krankheitsursache. (*Jede Hand zur Faust pressend.*) Diese Ursache, diese Ursache! Aus dem Schlafe weckt's mich auf – und nicht herauszufinden!

RITTER: Kommen Sie mir nur nicht wieder damit! Den ersten Abend habe ich Ihnen noch nicht ganz verziehen. Das war nicht schön Fräulein, das war nicht schön! So etwas!

SABINE: Sie dürfen mich nicht zu hart beurteilen. Ich kannte Sie eben noch nicht. Als gewissenhafter Arzt mußte ich die Frage stellen, welche Sie so sehr – verletzt hat.

RITTER: Verletzt? Empört! Und ich sag' Ihnen –

SABINE: Sie brauchen mir gar nichts mehr zu sagen. Die längere Beobachtung der Krankheit hat mich überzeugt, daß ich mich geirrt habe, vollständig, mit meiner Vermutung. Ist Ihnen das genug?

RITTER (*schaut sie an, dann erleichtert aufatmend*): Ja. Ich hatte immer noch so 'nen Druck Ihnen gegenüber.

SABINE: Es läßt einen eben auch 'mal im Stich – Erfahrung und Regel –

RITTER: Da haben Sie Ihre berühmte moderne Wissenschaft. Zwei mal zwei sind vier. Natürlich! Als ob es nichts Anonymes auf der Welt gäbe! Merken Sie sich's, der Mensch darf nicht zu viel Verstand haben. Und Sie haben entschieden zu viel Verstand.

SABINE: Finden Sie? ... Ich habe eine große Bitte, Herr Ritter.

RITTER: Heraus damit!

SABINE: Ich möchte Sie so gerne 'mal spielen hören.

85

RITTER: Fräulein!! Meine Finger sind wie Schwefelhölzer. Und ich habe keine Laune mehr für's Klavier. Ist ein dummes Instrument. Orchester und Menschenstimme, ja das! Und ich bin ein Klavierspieler, kein Virtuose. Ich passe nicht mehr unter die Heutigen – im Grunde hat es nur einen Virtuosen gegeben – Liszt.

SABINE: Vergrößert ihn nicht die Vergangenheit?

RITTER: Den? Der hat ein Glissando gemacht, daß man meinen konnte, es lacht jemand. Und einen chromatischen Wehschrei – nicht die Strohmusik von heutzutage. Wie naiv er Mozart spielte – überhaupt – diese Präpotenz der Auffassung – und seine Werke!

SABINE: Haben Sie nie komponiert?

RITTER (*schaut sie an und zieht die Augenbrauen in die Höhe*): – – – Es fällt mir nichts mehr ein. Und einfallen muß einem etwas. Ist nicht schad darum. Das bischen Liederschwindel von früher – ich bin auch faul. Wenn man niemanden neben sich hat, den es freut –

SABINE: Ich würde mich so freuen.

RITTER: Sie? Sie Antimusikalisches?

SABINE (*zögernd*): Ich habe – als Kind hab' ich – als ganz junges Mädchen – ein wenig Violine spielen gelernt. O sehr schlecht. Um die Schulkinder zu begleiten – anstatt meines Vaters – und weil ich selbst Lehrerin werden sollte.

RITTER: Und Sie haben's aufgegeben?

SABINE: Ganz.

RITTER: Sündhaft, wirklich sündhaft. Ich seh's Ihnen an der Nase an, daß Sie Talent gehabt hätten –

SABINE: Ich mußte es aufgeben wegen meines Berufes. Die Feinfühligkeit in den Fingerspitzen wird durch das Niederdrücken der Saiten abgestumpft.

RITTER: Ja so – Ihr alberner Beruf. Wie sind Sie eigentlich zu dem gekommen – zu so was Unnatürlichem?

SABINE: Ungewöhntem – nicht?

RITTER: Weiberlaune wahrscheinlich.

SABINE: Nein Herr Ritter. Mein Vater war sein ganzes Leben lang augenleidend und erblindete kurz vor seinem Tode.

RITTER: Lange her?

SABINE: Sehr lange. Zwölf Jahre. Und meine Mutter – noch länger.

RITTER: Aber doch Verwandte?

SABINE: Niemanden.

RITTER: Armes Ding.

SABINE: Es ist gut so – keine Pflichten gegen And're – nur eine große Pflicht gegen sich selbst.

RITTER: Pflicht, Pflicht – so ein bloßes Nützlichkeitsdasein – das ist grad wie wenn einer alle Contrapunktkniffe studiert hat und kann keine Melodie erfinden.

SABINE: Ja, man lebt hin wie im Mauerschatten.

RITTER: Waren Sie lange nicht daheim? Wo sind Sie
denn daheim? Norden? Natürlich.

SABINE: Ja. An der Nordsee. Ein kleines Fischerdorf. Elf
Jahre bin ich fort.

RITTER: Haben Sie's lieb, das Meer?

SABINE (*tief aufatmend*): Das Meer – oh!

RITTER: Ich würde sicher seekrank. Mögen Sie denn das,
so einen großen Sturm und die großen Plautzwogen?

SABINE: Auch. Aber vor allem – die Dämmerung. Wenn
es daliegt – still in seiner grauen Heiligkeit – man
weiß seine Tiefe nicht – aber man fühlt sie.

RITTER (*blickt mit unwillkürlich aufsteigender Bewunderung
Sabine an, die mit weitgeöffneten Augen, tiefatmend
aber unbeweglich vor sich hinschaut. Herausplatzend*):
Fräulein, Sie sind doch bildschön.

SABINE (*wird rot und deckt eine Hand über das Gesicht*).

RITTER: Von mir dürfen Sie sich das ruhig sagen lassen.
Wissen Sie, daß ich in paar Wochen fünfzig werde
– alter Mann – wacklig – eingerostet –

SABINE (*halb wehmütig*): Sie sind doch jung.

RITTER: Erzählen Sie mir noch von sich.

SABINE (*hastig*): Nein, Nein. Das ist nicht gut: über sich
reden. Man irrt sich und verliert das Gefühl für seinen Irrtum. Spielen Sie mir nur ein wenig –

RITTER (*schüttelt sachte den Kopf*): Nein Fräulein. Wozu?
Ist ja alles 'ne halbe Geschichte …

SABINE (*hebt nochmals bittend die Hände*).

RITTER: Geben sich keine Mühe, liebes Fräulein. Ich bin doch ein Ausrangierter. Verstehen Sie nicht! – – Sie sind eben jung. Wenn man jung ist, nimmt man gern immer recht viel Pedal – Forte – weil Viele um einen herumstehen und zuhören – später wird man alleiner, endlich ganz allein, und da lernt man piano spielen – pianissimo – – – (*nimmt ihr eine Hand*). Uebrigens sind Sie ein gutes Mädel. Wirklich sehr ein gutes Mädel.

SABINE (*steht vor ihm, ihr Haupt senkt sich langsam, er legt ihr die andre Hand auf den Kopf und schaut gedankenvoll auf sie herunter*).

ISOLDE and CARL (*kommen langsam über die Veranda herauf*).

ISOLDE (*leise und erstaunt zu Carl*): Jetzt schau nur 'mal die an! Sollt' man nicht meinen, die hätten miteinander –

DRITTER AKT

Die Vorhänge sind ganz heruntergelassen.
Ein paar Sonnenstreifen auf dem Fußboden.

ISOLDE (*liegt auf dem Sofa, blaß, nervös, die Füße aufgezogen*).

Es klopft.

ISOLDE (*zwischen den Zähnen*): Wer denn schon wieder?
(*Laut.*) Herein.

CARL (*tritt ein, in Lodenrock, kurzen Hosen und grünem Jä-gerhut. Trägt einen großen Strauß von Alpenrosen in der Hand*): Servus, Bonni.

ISOLDE (*halb mühsam, halb übellaunig*): 'Tag.

CARL (*legt seinen Hut auf den Tisch*): Na??

ISOLDE: Was?

CARL: Wie geht's? Dir?

ISOLDE (*mit zorniger Ironie*): Aus – ge – zeich – net. Hat-ten lange nicht die Ehre.

CARL: Drei Tage.

ISOLDE: Vier.

CARL: Und drei Stunden und zwanzig Minuten und sieben Sekunden. Ich werd' doch 'ne Partie machen dürfen. (*Giebt ihr den Strauß.*) Da.

ISOLDE: Gekauft?

CARL: Warum nicht gar! (*Streift den Rockärmel zurück und zeigt ihr eine große Schmarre*): Beinah hätt' ich's dafür gelassen – mein liebes Leben.

ISOLDE: Ae! Hast du schon wieder das Jägerhemd an – das riecht so verschwitzt.

CARL: In Frack, Claque und Lack kann ich nicht auf die Zugspitze turnen. Z'widerwurz'n!

ISOLDE: Kannst ja gehen …

CARL (*steckt die Hände in die Hosentaschen und marschiert mit großen Schritten umher, einlenkend*): Sei nit harb – wie sie da draußen sagen. Ist der Bauer zu Haus?

ISOLDE: Fort – Stadt.

CARL: Wo? Warum? Was thut er?

ISOLDE: Singstunde.

CARL: Er giebt Singstunde? Wem?

ISOLDE: Der.

CARL: Wem der? So red' doch drei Worte hintereinander! Schuß!

ISOLDE: Der Graef. Er hat ihr ein Piano in ihr Dachloch bringen lassen.

CARL: Die lernt singen? Heiliger Bimbam!

91

ISOLDE (*immer zwischen den Zähnen*): Oh – sie hat eine schöne Stimme.

CARL: Hast sie gehört?

ISOLDE: Nein. Der Papa sagt's.

CARL: Dann muß es wohl...

ISOLDE: Und eine Individualität ist sie. Und voll geistiger Innerlichkeit. Und selbstkräftig. Und bedeutend – und – Gott ich weiß nicht, was alles noch.

CARL: Das sagt dein Papa?

ISOLDE (*giebt keine Antwort, nagt an ihrem Taschentuch*).

CARL: Kommt sie noch alle Tage?

ISOLDE: Nein. Nicht mehr. Der Professor ist wieder da. Der kommt zweimal wöchentlich und mal auch sie. Aber er läuft fast alle Tage hinein. Alle – Tage.

CARL (*unsicher*): Und was glaubst du denn, daß die – ich meine –

ISOLDE: Was sie haben – miteinander? Nichts. Gar nichts. Er unterhält sich mit ihr.

CARL: Sie versteht doch nichts von Musik.

ISOLDE: Die! Oh, das ist eine Ausraffinierte! Mit ihrem nicht eitel und nicht kokett – neue Schuhe hat sie neulich gehabt – Lackschuhe mit Stahlperlen vorne.

CARL: Das hat deinem Papa gewiß keinen Eindruck gemacht. Was kann denn herauskommen bei dem Colleg? Wenn einem eine gefällt, deswegen ist's

noch lange nichts Ernsthaftes. Geh', du alterierst
dich unnötig.

ISOLDE: Ernsthaftes? Das wäre noch schöner. Den Hof
macht er ihr. Er interessiert sich für sie. Die Alten
sind immer die Aergsten.

CARL: Und in paar Wochen wächst Gras und Musik
drüber. Laß ihn halt.

ISOLDE (*langsam, stockend, schließlich in fieberhaftes Weinen
übergehend*): Und ich? – Und ich!! Ich hab ihn lieb
und soll zurückgesetzt sein hinter der, und hab'
nichts – und nur ihn auf der ganzen Welt, und bin
so krank und elend –

CARL: Meinst du denn, er hat dich weniger lieb? Wein'
doch nicht, du kleines Nilpferd.

ISOLDE: Er soll nur mich lieb haben, nur mich. Ich will
ihn allein –

CARL: Er hat ja nur dich lieb!

ISOLDE: So? Aber er fragt lange nicht so oft wie früher,
wie mir's geht. Zerstreut ist er und spielt schrecklich viel Klavier und komponiert, scheint mir. Und
Geld schenkt er her für blinde Kinder.

CARL: Wenn nicht blinden Kindern, schenkt er's wahrscheinlich böhmischen Musikanten.

ISOLDE: Neulich hab' ich einen Hut wollen kommen lassen aus Paris – da hat er nein gesagt. Nein! Er hat
mir nein gesagt. Es wär' zu teuer! 80 Francs zu teuer.

CARL: 80 Francs – da kann man sich schon Radierungen von Klinger dafür leisten.

ISOLDE: Früher hätt' er mir's nicht abgeschlagen – Die ist Schuld daran, die! Ohne die hätt' er es sich nie und nimmer getraut. Nichts soll ich mehr haben, gar nichts. (Mit plötzlichem wildem Aufschrei emporspringend.) Was liegt mir denn an dem Hut! Aber meinen Papa will ich wieder haben, meinen Papa! Carl, wenn er mich nicht mehr lieb hat, sondern die, die Gescheite – dann spring' ich zum Fenster hinaus, daß sie mich tot finden unten!

CARL (nimmt sie erschrocken in seine Arme): Bonni, liebste, einzige, süße, goldene Bonni –

ISOLDE (zitternd in seinen Armen, sich dicht an seine Brust drängend): Er mag mich nicht mehr – weil ich krank bin und häßlich und dumm und alt –

CARL: Die ist ja viel älter.

ISOLDE: Aber gesund ist sie! So kalt gesund! Und ich bin krank und kein Mensch hat mich lieb!

CARL (feurig): Bonni, einen giebt es, einen –

ISOLDE: Ja du – du bist der Einzige, der mich versteht – – und du verstehst mich auch nicht. (Schlingt beide Arme um seinen Hals.) Du – du!

CARL (außer sich): Isolde – der Moment ist gekommen! Liebst du mich? So wie Isolde Tristan geliebt hat –

nicht bloß so – ich meine weil wir uns schon lange kennen –

ISOLDE (*dicht an ihn gedrängt*): Ich hab' so eine Angst in mir, so eine Angst – bin ich wirklich noch ein bißchen hübsch?

CARL: Schön bist du, engelhaft schön – wie eine Göttin!

ISOLDE: Schöner als die? Und gefall' ich dir?

CARL: Herrin!

ISOLDE (*streicht sich mit einer Hand über's Haar*): Ach – ich bin so verrauft!

CARL (*hält sie fest an seine Brust gepreßt. Nach einigen Sekunden läßt er sie erschrocken los und kehrt sich schwer atmend ab.*)

ISOLDE (*enttäuscht*): Nur?

CARL (*wendet sich wieder zu ihr*): Isolde – nun bist du mein. Ich werde mit deinem Vater reden. Ich werde ihm Vorstellungen machen. Ich könnte sagen, daß es meiner Beobachtung aufgefallen ist –

ISOLDE: Aber das mußt du sehr geschickt machen, ich will nicht, daß er merkt, daß ich dir etwas gesagt habe – er soll meinen, du hast es aus dir selbst – er soll nicht glauben, ich sei eifersüchtig – dazu bin ich zu stolz.

CARL: Laß mich nur – ich werde es mit aller diplomatischen Ruhe machen – ich bin gerade in der Stimmung –

ISOLDE (*mit leisem langgezogenen Laut, das Gesicht in beide Hände nehmend*): Oh – oh!

CARL: Ist dir etwas?

ISOLDE: Da kommt's wieder – im Aug' – es drückt so – zum Zerspringen!

CARL: Wieder? War es denn – in den letzten Tagen?

ISOLDE: Am Tage nein. In den letzten Nächten. Und da lieg' ich und schluck's hinunter. Fragt mich ja keiner mehr. Ich kann ja zu Grund – oh! (*Die Stimme versagt ihr, das Gesicht wird starr vor Schmerz.*)

CARL (*planlos hin- und herrennend*): Willst du Bier – Wasser – oder was soll ich denn –?

ISOLDE: Nein – auf's Bett – bitte – führen.

CARL (*führt sie in ihr Schlafzimmer und schließt von innen die Thüre*).

> *Die Bühne bleibt einen Augenblick leer.*

RITTER (*stößt hastig die Verandathüre auf, Sonnenlicht flutet hell ins Zimmer*).

SABINE (*folgt etwas langsamer. Sie trägt ein einfaches weißes Kleid mit schwarzem Gürtel und großen hellen Strohhut.*)

RITTER (*mit Eifer und Aergerlichkeit im Gespräche fortfahrend*): Und ich sage Ihnen, unsere Zeit darf sich nicht des Rechtes begeben, sich im Zusammenhange mit dem Unendlichen zu fühlen. Der Künstler muß es sein, welcher – der Künstler muß ein Befreier des Lebens sein. Die Kunst muß Religion für ihn sein.

SABINE: Und all' die armen Nichtkünstler? Das Volk?

RITTER: Künstler und Volk können zusammentreffen – es giebt ein gemeinschaftliches Gebiet – eben die Religion.

SABINE: Welche Religion?

RITTER: Das Christentum. Natürlich.

SABINE: Welches Christentum? Katholisch, protestantisch –

RITTER: Den Glauben meine ich, die Idee –

SABINE: Glaube, Idee – das sind Sargschiffe. Da kommen *boats ferrying dead souls to land of dead — belief found on North Sea coast where Sabine is from* wir nicht zusammen. Sie sehen im Menschen das Ebenbild Gottes. Und ich betracht' ihn als die höchstentwickelte Tierform. Ich begreife Ihre Gotteswahrheit nicht.

RITTER: Das ist doch kein Beweis gegen meine Wahrheit, daß Sie zu dumm sind, um sie zu begreifen. Ihre Tierwahrheit ist unwürdig, verderblich. *degrading   corrupting*

SABINE: Das ist auch kein Beweis dagegen. Nur was in der Kampfschule der Vernunftthätigkeit – *reason*

RITTER: Die Vernunft? Was thut sie? Was vermag sie? Negative Wirkungen! Was herauskommt, zeigt uns der Verstandeswahnsinn der französischen Revolution. Was ist sie? Im besten Fall? Die vergoldete Impotenz der Seele. *golden*

SABINE (*lächelnd*): Hat denn die Frau eine Seele? Ein Konzil des Mittelalters stritt darüber.

reportedly The council of Mâcon 585 debated whether women had a soul

97

RITTER: Sie haben eine! Unbedingt. Aber so verkrochen ist sie. Heraus muß es. Das Gemüt! Die dumme Froheit! Sie möcht' ich gleich in's Mittelalter zurückstecken. Wo es noch Burgen gab und Ritter und fahrende Sänger…

SABINE: Und den Hemdschilling.

RITTER (*ist einen Augenblick still, dann wütend*): Sie sind doch das unausstehlichste Frauenzimmer, was mir noch vorgekommen ist! (*Läuft hin und her und brummt.*)

SABINE: Und Sie sind so lieb – so lieb (*auf ihn zu mit gefalteten Händen*). Schimpfen Sie mich noch ein bißchen, aber seien Sie mir nicht böse. Was kann ich dafür, wenn ich an geistigem Scotom leide? Wenn ich ein so beschränktes Gesichtsfeld habe? Ich weiß zu viel Kirchhofsgeschichten. Und Schlimmeres. Glauben Sie, daß alle Tragödien mit dem Tode enden? Bitte! bitte!

RITTER (*noch brummend, aber schon etwas besänftigt*): Na ja – thun Sie mal das Möbel herunter.

SABINE: Was – den Hut?

RITTER: Ja. Das Hutmöbel. Ich seh' Ihren Scheitel so gern.

SABINE (*nimmt den Hut ab*).

RITTER (*hält ihr seine beiden Hände auf die Schultern, sodaß sie ein wenig nach vorne gebeugt stehen muß*): Da – das ist gerade wie eine feine Notenlinie. Und nun wollen wir nicht mehr raufen. Nun seien Sie mal ein bißchen liebenswürdig zu mir.

SABINE: Eigentlich habe ich keine Zeit dazu. Ich möchte doch erst Isolde –

RITTER: Schon wieder keine Zeit! Keine Zeit, um liebenswürdig zu sein. (*Er drückt sie auf einen Stuhl.*) Sitzen. So, Sie Arbeitsweib. (*Rückt sich einen Stuhl zu ihr, setzt sich, die Beine etwas auseinander, die Arme aufgestützt, die Hände zwischen den Knieen gefaltet und auf und nieder bewegend.*) Lassen Sie sich mal anschauen. Ganz nett. Ganz nett. Sie werden ordentlich hübsch. Sie gefallen mir. Wissen Sie das?

SABINE (*antwortet nicht, sieht ihn groß und gerade an*).

RITTER: Wenn Sie sehr brav sind, zeig' ich Ihnen was.

SABINE (*aufleuchtend*): Komponiert?

RITTER (*lacht, mit verächtlicher Handbewegung*): Nicht einen Kreuzer wert. Ihnen wird's gefallen. Sie verstehen ja nichts. Aber Sie müssen's singen.

SABINE: Ich? Sie wissen doch, was für eine Angst ich immer vor Ihnen habe. Und Sie haben mich heute schon so viel gezankt in der Stunde.

RITTER: Weil Sie immer den Mund nicht aufmachen (*singt nachahmend einen Ton mit geschlossenen Lippen*). Immer die Zähne auf einander. Sie werden jetzt singen. Das ist Ihnen ganz gesund, vom Blatt lesen. Gehör haben Sie ja für drei. Also! Keine Faxen. (*Er faßt Sabine am Handgelenk und zieht sie ans Klavier, wo er ein verknittertes beschriebenes Notenblatt hervorwühlt.*) Schauen Sie sich an – (*zeigt es ihr*). H-dur. Fünf Kreuze. Ganz ein-

fach. (*Setzt sich und giebt ihr den Ton an.*)

SABINE (*von Ritter begleitet, singt erst schüchtern, dann mit*

wachsendem Mut und unwillkürlichem Ausdrucke).

> Du bist wie eine Blume,
>
> So hold und schön und rein;
>
> Ich schau' dich an und Wehmut
>
> Schleicht mir ins Herz hinein.
>
> Mir ist, als ob ich die Hände
>
> Aufs Haupt dir legen sollt',
>
> Betend daß Gott dich erhalte
>
> So rein und schön und hold.

RITTER (*hat sie bei „Wehmut" zornig angesehen und ausgeru-*

fen): Mund auf! (*Sie sind zu Ende.*)

SABINE (*schaut stumm zu Boden*).

RITTER (*steht auf, ganz unbewegt*): War ganz anständig. Noch

zu viel Dilettantensentimentalität. Die Terz muß ich

übrigens ändern. (*Korrigiert mit Bleistift auf das Noten-*

blatt.) Ich glaub', 325 mal ist die Verskomödie schon

komponiert worden. Ich bin der Dreihundertsechs-

undzwanzigste. (*Da Sabine immer noch stumm bleibt.*)

Gefällt's Ihnen nicht? Genieren Sie sich gar nicht.

SABINE (*leise*): Es ist wunderschön.

RITTER (*wiegt den Kopf*): Ach Gott, ach Gott! – Mir

scheint, ich habe dabei an Sie gedacht. Sie haben

manchmal so was wie die – wie heißen sie denn –
die dunklen Blumen, die in der Nacht aufgehen –

CARL (*hat die Thüre von Isoldens Zimmer ein wenig zurückge-
schoben, ist einen Augenblick stehen geblieben und kommt
jetzt vor. Er ist sehr rot und unartig zurückhaltend*): Ich
habe die Ehre. (*Verneigt sich steif gegen Sabine.*)

RITTER (*immer noch an dem Notenblatte korrigierend*): Ja der
Carl? Grüß' Sie Gott! Glücklich wieder zurück aus
den Wolken? Schöne Aussicht gehabt?

CARL: Ich möchte ersuchen, die Gesangsvorträge auf
ein andermal zu verschieben. Man hört zu deutlich
im Nebenzimmer und da Isolde mir sehr leidend
scheint –

RITTER (*stürzt gegen die Schlafzimmerthüre*): Gott im Himmel!

CARL (*hält ihn zurück*): Bitte – ich glaube nicht, daß Isolde
Sie zu sehen wünscht – nach diesem Konzert.

SABINE (*tritt zwischen beide. Vollkommen ruhig, wieder ganz in
die Art ihres ersten Auftretens verwandelt, und schon während der drei letzten Worte von Carl einsetzend*): Lassen
Sie mich – ich werde ja sofort sehen, was es bedeutet.

CARL (*bitter*): Sie könnten sich täuschen.

SABINE (*ohne seine Worte zu beachten*): Aengstigen Sie sich
nicht unnötig. Es wird nichts zu bedeuten haben.
(*Ab in Isoldens Zimmer.*)

RITTER (*läßt sich in einen Stuhl fallen*): – – Sind Sie – schon länger bei dem Kind?

CARL (*immer unartig und verhalten gereizt*): Lange.

RITTER: Ich war bei Fräulein Graef.

CARL: Wie gewöhnlich.

RITTER: Es erfrischt mich. Ich gehe öfters zu ihr.

CARL: Und Isolde ist öfters allein.

RITTER: Ich möcht' ihr ja so gern Verkehr verschaffen – paar nette junge Mädchen – aber wenn man gar keine Familie kennt.

CARL: Jawohl – um ihr den Unterschied zwischen ihrem Jugendleben und dem der anderen noch fühlbarer zu machen.

RITTER: Haben Sie auch Recht. Es ist eine Zwickmühle. Was fängt der Mensch aber an? Ich thu' doch, was in meinen Kräften steht.

CARL (*wirft sich in die Brust, mit einem vernichtenden Blick und ausgestreckter Hand*): Das thun Sie nicht!

RITTER (*dreht sich auf seinem Stuhle um, ungläubig, ob er recht gehört, mit halbem Lachen*): Carl – sind Sie schief gewickelt?

CARL (*etwas verletzt, aber mit gleichem Pathos*): Ich habe mir vorgenommen, Sie auf Ihre Vaterpflicht aufmerksam zu machen … Meine Manneswürde verbietet es mir, ferner mitanzusehen, wie Isolde – mißhandelt wird.

102

RITTER (*will in die Höhe fahren, besinnt sich dann und sagt ruhig*): Weiter.

CARL: Sie mißhandeln sie nicht körperlich, aber geistig. Ihre kleinsten Wünsche werden ihr rücksichtslos versagt. Um ihr Leiden kümmert sich niemand mehr. Tag für Tag wird sie hilfloser und einsamer. Ihre Jugend und Schönheit verkümmert und verwelkt – sie leidet ein Martyrium – Sie schlagen sie ans Kreuz – (*er bricht vor Rührung über seine eigenen Worte in Thränen aus*).

RITTER (*ist aufgestanden und geht hin und her*): Lieber Junge, das ist ja ein blühender Blödsinn, den Sie da zusammenreden. Schnäuzen Sie sich mal aus. Wer hat Ihnen denn das in den Schädel gepflanzt – nun, schnäuzen Sie sich nur mal erst aus.

CARL (*tief gekränkt*): Für Sie ist die Sache komisch – ja wohl.

RITTER (*hält in seinem Gang inne*): Nein Carl – für mich ist die Sache tragisch. (*Mit einer Geberde des Unwillens gegen sich selbst.*) Teufel! Soll ich den Mund darüber aufmachen – daß ich mich aufgegeben habe – für mein Kind? Natürlich thut man seinem Kind alles – ich werde Ihnen doch kein Lied davon singen.

CARL: Sie können nicht.

RITTER: Ich mag nicht – zum Teufel hinein! Wie ein Prahlhans komm' ich mir vor.

CARL: Aber Sie setzen Isolde zurück – gegen andere Personen.

RITTER: Gegen wen setze ich sie zurück, gegen wen? Ich trenne mich von meiner Mutter – ihretwegen. Gut, ich begreife, sie können sich nicht vertragen, ich weiß recht gut, daß Isolde die größte Schuld hat – aber sie ist krank. Also lasse ich die siebzigjährige Frau allein.

CARL (*mit kindischer Bosheit*): Oh, wie Sie heftig werden, weil Sie sich schuldbewußt fühlen. Ich meine ganz andere Leute – junge.

RITTER: Ich will Ihnen was sagen, Carl. Ich bin nicht in der Geduld und nicht in der Stimmung – marschieren Sie ab. Morgen ist auch noch ein Tag. Vielleicht verständigen wir uns morgen eher.

CARL: Dann nur noch eine Kleinigkeit.

RITTER: Presto!

CARL: Ich habe mich soeben überzeugt, daß Sie nicht nur Ihr äußeres, sondern auch Ihr inneres Vaterrecht an Isolde verwirkt haben. Es wird Ihnen sehr angenehm sein, sie auf gute Manier los zu werden. Ich werde Isolde heiraten.

RITTER (*steht mit offenem Mund*).

CARL: Isolde ist einundzwanzig, also nach österreichischem Gesetze großjährig.

RITTER (*aus seiner Betäubung auf ihn losfahrend*): Und Sie sind – (*bezwingt sich*) und Sie sind minderjährig.

CARL: Wenn Sie glauben, mich mit diesem Ton abzufertigen –

104

RITTER: Und wenn Sie mich mit Ihren Fastnachtseinfällen nicht in Ruhe lassen – (*sich gewaltsam mäßigend*). Ah na, na, na, na, na! Sie sind halt jung und überspannt.

CARL: Sie wissen sehr gut, daß der frühe Verlust meines Vaters und meine eigene ernste Natur mich über meine Jahre gereift haben.

RITTER (*schon wieder gutmütig und halb lachend*): Beweis: der junge Herr will mit einem monatlichen Einkommen – auf den halben Pfennig kann ich's Ihnen nicht berechnen – und weil Sie ein bißchen lichterlohe Schwärmerei für zwei blonde Zöpfe empfinden –

CARL: Ich liebe Isolde als Mann.

RITTER (*steckt die Hände in die Hosentaschen, trocken*): Glaub' ich nicht.

CARL: Ich werde es Ihnen –

RITTER (*unterbrechend*): Beweisen – weiß ich schon. Und ich will Ihnen sogar sagen, wie Sie es beweisen können. Damit, daß Sie mein armes Mädel mit Ihren Thörichtereien in Ruhe lassen. Sie haben ihr doch nichts gesagt?

CARL: … Nein, aber –

RITTER (*fortfahrend*): Damit, daß Sie Ihre unglückliche Liebe so rasch als möglich hinunterschlucken. Ich kann sie Ihnen nicht geben. Sehen Sie das nicht selber ein? Wäre ja eine Gemeinheit von mir – auch an Ihnen.

CARL: Weil Sie keine Ahnung von meinem Herzen haben, weil Sie nicht wissen, welch' tiefes, ewiges Gefühl –

RITTER (*verdrießlich*): Ewiges Gefühl – – Paperlapapp.

CARL: Ich werde Isolde besser pflegen als Sie, auch wenn wir arm sein werden.

RITTER: Mit Gasthaussalat?

CARL: Denn ich werde sie mehr lieben. Sie lieben sie nur so nebenher, wo Ihre anderen Interessen nicht dadurch gestört werden. Sie wissen nichts von Opfern und Entsagen, Sie haben keine Ideale –

RITTER: Ihre mal gewiß nicht. Und nun Schluß. Ich hab' Ihnen gut und böse zugeredet. Wenn's Ihrem Schädel doch nichts genützt hat, so gehört er einem Narren oder einem Lumpen. Wollen Sie sich jetzt mit mir schlagen? Waffenzeugs hab' ich nicht –

CARL (*weicht vor ihm zurück*): Wir sind fertig miteinander.

RITTER: Gut, gut. Auf wie lange?

CARL: Für immer. (*Geht nach der Veranda.*)

RITTER: Also auf Wiedersehen. Uebermorgen.

CARL (*ohne zu grüßen ab*).

RITTER: Jetzt ist er noch beleidigt!

SABINE (*kommt aus dem Schlafzimmer, ihr Gesicht ist blaß und ernst*).

RITTER (*ihr entgegen*): Fräulein Sabine – da hab' ich eben eine Scene gehabt – aber wie geht's denn?

106

SABINE (*ausweichend*): Ich werde nachher nochmals nachsehen – was haben Sie gehabt?

RITTER (*in seiner Aufgeregtheit sich fortwährend überstolpernd*): Der Bursche – der Carl – nein es ist nicht zum glauben – heiraten will er – Isolde – der!!

SABINE (*unwillkürlich lächelnd*): Oh.

RITTER: Und tritt auf – mit einem Aplomb – und kanzelt mich 'runter – ich liebe sie nicht genug – er liebt sie glühend – und ewig – und ich habe keine Ideale – weil ich daran nicht glaube – an diese Ewigkeit –

SABINE: Hat er Isolde etwas gesagt?

RITTER: Nein. Nicht. Auch noch! – Schließlich hab' ich mir nicht helfen können, und bin grob geworden – nicht viel – und nun ist er auf den Tod beleidigt und kommt nicht mehr. Es wär' mir doch recht arg – recht! Es ist ja eine kolossale Ueberspanntheit – aber es hat doch so was Rührendes.

SABINE: Wollen Sie ihn vielleicht um Verzeihung bitten?

RITTER: Was wär' schließlich dabei... Ich werd' ihm sein Ehrenwort abnehmen, daß er vor Isolde nicht von der Dummheit redet. Und was wird Bonni dann anfangen, wenn er nicht mehr kommt – das Kind war so an ihn gewöhnt. (*Sich plötzlich besinnend.*) Aber! Sie haben mir noch gar nicht gesagt – Sie sind so still – (*aufschreiend*) Sabine!!

107

SABINE: Nicht laut – nur nicht laut – (*sie nimmt Ritters Hände, ihre Augen sind groß und fest auf ihn geheftet. Er beruhigt sich unter ihrem Blicke.*)

RITTER: Ja – ja – aber Sie müssen reden –

SABINE (*etwas angestrengt*): Es geht schlechter.

RITTER (*kaum hörbar*): Links.

SABINE: … Auf beiden Augen.

RITTER (*läßt ihre Hände los, mit schwerer Zunge wiederholend*): Auf – beiden.

SABINE (*leise aber rasch, um es abzuwälzen*): Starke Druckerhöhung des linken Auges, die ich in geringem Maße an jenem ersten Abende vorfand. Ausgesprochenes Glaucom. Rechts ist kein Druck, aber Iritis.

RITTER: Woher nur, woher!

SABINE: Ihre Augenlider sehen aus, als ob sie geweint hätte, viel geweint. Als Sie mir vorhin die Geschichte erzählten, glaubte ich schon – Hat sie sonst Aufregungen gehabt – Gemütsbewegungen? Heftige Alterationen rufen manchmal Druckerhöhungen hervor –

RITTER: Ich weiß gar nichts mehr.

SABINE: Auch ihr Wesen scheint mir anders – etwas Hartes, Bitteres – kann zwar auch durch die Schmerzen sein.

RITTER (*wendet das Gesicht zu ihr und hebt die übereinander geballten Hände an die Lippen*): Helfen Sie – helfen Sie.

SABINE: Man kann helfen. Operieren.

RITTER (*wankt. Sabine hält ihn. Nach einer Pause*): Muß es?

SABINE: Es muß sein.

RITTER (*geht ein paarmal auf und ab, um sich zu fassen, bleibt dann vor Sabine stehen*): Was für eine Operation?

SABINE: Am linken Auge. Iridectomie nach oben.

RITTER: Ist es gefährlich?

SABINE (*nach einem Moment der Ueberlegung*): Nicht ungefährlich. Die Iris wird sehr atrophisch sein.

RITTER: Nicht ungefährlich – Und wann?

SABINE: Sobald es der Zustand des Auges erlaubt. Morgen – übermorgen.

RITTER (*immer an dem einen Gedanken hängend*): Nicht ungefährlich.

SABINE: Berger ist ein sehr geschickter Operateur.

RITTER (*fährt herum*): Berger?! Sie!

SABINE (*schweigt*).

RITTER (*eindringlicher wiederholend*): Sie doch! Sie!

SABINE: Nein.

RITTER: Fräulein!! Ich hab' nur zu Ihnen Vertrauen, nur – Das ist das Einzige, was mir erleichtern kann – Und Berger wird ja nicht das Geringste dagegen haben – und wenn er's hätte –

SABINE (*leise*): Ich kann es nicht.

RITTER: Warum, was? Können nicht? Albernheiten! Warum?

SABINE: Weil ich Angst haben werde.

RITTER (*halb wütend*): Sie haben Angst? Frauenzimmer!

SABINE (*mit humorvoller Wehmut*): Ja, ich habe das Fürchten gelernt.

RITTER: Warum fürchten Sie sich denn?

SABINE (*einfach*): Weil es Ihr Kind ist.

RITTER: Aber gerade deshalb müssen Sie mir doch die einzige Liebe thun – wenn Sie nur einen Funken Herz für mich haben. – Sehen Sie, ich will Ihrer verdammten Wissenschaft Abbitte leisten. – Ich bitte Sie, ich bitte Sie … (*er kann nicht weiter reden*).

SABINE (*mit sich kämpfend*): Ich kann ja nie mehr ein Messer in die Hand nehmen, wenn mir diesmal –

RITTER: Nun –?

SABINE (*schüttelt den Kopf*).

RITTER (*in helle Wut ausbrechend*): Sie sind eine Gans!

SABINE (*schaut ihn an, von tiefem herzlichem Lachen übermannt*): Ja, Herr Ritter, Sie haben Recht. Ich bin eine. Und doch nicht sollen Sie Recht haben. Ich mache die Operation. Und ich versprech' Ihnen, daß die Gans das schönste Colobom anlegt, was –

RITTER (*halb gerührt, halb brummend*): Versteh' ich nicht, wird aber schon recht sein. Mit welcher Hand schneiden Sie denn?

SABINE: Mit der rechten – natürlich.

RITTER (*nimmt rasch ihre Hand und küßt sie*): Gut spielen.

VIERTER AKT

*Grauer Regennachmittag. Die Verandathüre ge-
schlossen. Auf dem Klavierstuhl ein schwarzes Jäckchen und der Hut Sabinens. Auf dem Sofa zerdrückte
Kissen, eine halb heruntergefallene Decke. Auf dem
Tische eine Schale mit stark aufgeblühten Rosen.
Ritter und Carl treten durch die Vorzimmerthüre
ein. Beide in Hut und Ueberzieher, die Kragen hin-
aufgeschlagen, naßgeregnet. Hinter ihnen Anna.*

RITTER: Nein, legen Sie nur hier ab, der Korridor ist so
dunkel bei dem Regenwetter.

ANNA (*hilft Carl ablegen und trägt seine Kleider rückwärts auf
einen Stuhl, den Schirm daneben lehnend. Ritters Kleider
trägt sie in dessen Zimmer. Während sie abgeht, frägt Ritter, mit der Hand auf Sabinens Hut weisend.*)

RITTER: Sie ist da?

ANNA: Fräulein sind bei der Gnädigen.

RITTER (*reibt seine roten Hände*): Oh, da müssen Sie warten, Carl. Die reine Novemberkälte. Was Warmes,
eine Tasse Thee, Carl?

CARL: Danke, danke.

RITTER: Das war 'ne Zeit! Na mein Junge – nun ist alles gut. Wollen Sie den Stuhl, oder lieber den? Oder auf's Sofa? Da liegen halt noch die Kissen – für Bonni.

CARL: Wann war sie zum ersten Mal außer Bett?

RITTER: Vorgestern. Eine Stunde. Man muß sehr vorsichtig sein. Kunststück! Nach so einer Operation. Ich bin vor der Thüre gestanden, sag' ich Ihnen, vor der Thüre – möcht' es nicht zum zweiten Mal durchmachen.

CARL: Sie war nicht chloroformiert?

RITTER: Nein. Fräulein Graef war nicht dafür und Bonni wollte selbst nicht. Sie hat sich gehalten wie eine Heldin. Nicht ein Zucken, nicht einen Laut. Alle waren entzückt. Der Assistent, die Wärterin und der Professor.

CARL: Berger war dabei?

RITTER: Ja. Für die Leute ist das eine Art Theater. Der sagte übrigens, die Graef hätte einfach ein Meisterstück gemacht. Er wird's auch in die Medizinische Wochenschrift bringen. Das schönste Colobom angelegt, das er in seiner ganzen Praxis gesehen habe. Und die Iris war so atrophisch, daß sie sich gar nicht plantieren ließ, und die Sphinkterecken –

CARL: Sie sind gelehrt geworden.

RITTER: Was höre ich denn seit drei Wochen!! Und noch schöner hat sie sich benommen! Nicht von Bonnis Bett gewichen, jeden Verband selbst gemacht, die Nächte im Lehnstuhl neben ihr – und so ruhig, so sanft – wie eine Mutter.

CARL: Es wird ihrem Ehrgeiz geschmeichelt haben – und vielleicht eine gewisse Berechnung –

RITTER: Von Ehrgeiz keine Spur, sag' ich Ihnen. Das ist wirklich so ein seltenes Geschöpf, das gar nicht anders kann als gut sein. Die ist nicht so, daß sie ihre Ueberzeugung auf der einen Seite hat und ihr Thun auf der andern. Das geht so harmonisch mit einander –

CARL: Sie sind bedeutend entzückt von ihr.

RITTER: Habe auch alle Ursache. Ein ganzer Kerl. Respekt vor so was. So eine starke Ehrlichkeit – eine Wohlthat in all dem modernen Schwindel.

Pause.

CARL: Hat sie gar nicht gefragt – nach mir?

RITTER: Jawohl – ein paarmal, warum Sie gar nicht kämen. Uebrigens muß ich doch noch ein Wörtchen mit Ihnen reden, ehe ich Sie zu ihr hineinlasse.

CARL: Sie werden mir nicht das Letzte verwehren –

RITTER: Lieber Junge, wir wollen uns nur ganz klar sein über unsere gegenseitigen schönen Gefühle. Sie halten mich für einen Tyrannen und ich Sie für ein seelengutes Kind mit etwas Hirnverbranntheit. Ja. Ja ja

113

ja ja. Weil Sie aber heute abend abreisen, für lange, sollen Sie Isolde nochmals sehen, Gottes Namen. Ich wüßte auch wirklich nicht, wie ich's ihr motivieren sollte, wenn Sie keinen Abschied nehmen würden. Unter einer blutigen Bedingung. Sie geben mir Ihr Ehrenwort, mit Isolde nicht zu reden über – über – Ehe und Wehe. Verstanden? Wie froh werden Sie in drei Jahren sein über meine Grausamkeit.

CARL: Sie wälzen mir für zeitlebens einen Stein in die Brust –

RITTER: Ich habe Ihr Wort?

CARL (*mit Pathos*): Mein Mannesehrenwort.

RITTER (*legt ihm die Hände auf die Schulter*): Gott, Carl, ich hab' Sie ja so gern. Und ich bin Ihnen so dankbar für jede kleine Freude, die Sie dem Kinde gemacht haben –

CARL: Und Ihre Härte –

RITTER: Weil ich mein Kind lieb habe und Sie auch.

CARL: Ich schwöre Ihnen –

RITTER (*abbrechend*): Sagen Sie der Mama einen schönen Gruß, sie soll nicht zu sehr sparen, und wenn sie was braucht: mir sagen. Und der kleinen Mimi: einen Kuß vom Onkel Heinrich. Seien Sie lustig in den Ferien und studieren Sie ordentlich im nächsten Semester. Wohin geht's?

CARL: Nach Berlin. –

RITTER: So so. Lassen Sie von sich hören.

114

CARL (*leidenschaftlich*): Seitenlang – und Sie werden mir doch auch Nachricht geben, wie's ihr geht – der Einzigen.

RITTER (*gutmütig*): Alles sollen Sie wissen. Jeden Huster.

CARL: Vielleicht kommt die Stunde, wo Sie einsehen –

RITTER: Lassen Sie sich in Treuchtlingen Würstchen geben, die sind delikat –

Railway junction on line north from Munich

CARL: Ich werd' mir's merken. Oh, wenn Sie eine Ahnung hätten, wie schwer mir's wird –

RITTER: Um alles in der Welt, regen Sie sich nicht auf. Sonst kann ich Sie doch nicht hineinlassen. Kaltes Blut! Ich verlasse mich auf Sie. Werd' mal anklopfen. (*Klopft leise.*)

let in

SABINES (*Stimme von innen*): Herein.

RITTER (*schiebt die Thüre ein wenig zurück*): Darf man 'rein? Carl ist da. Er möchte Adieu sagen.

SABINE (*tritt unter die Thüre*): Bitte – (*geht in das Zimmer vor*). Guten Tag.

CARL (*verbeugt sich*).

SABINE (*wirft Ritter einen raschen fragenden Blick zu*).

RITTER (*antwortet mit einer beschwichtigenden Handbewegung*): Bonnis Befinden erlaubt es –

SABINE: Unbedenklich. (*Zu Carl.*) Aber bitte, lassen Sie sie nicht laut und nicht viel sprechen.

RITTER (*schiebt Carl zur Thüre hinein*): Da Bonni – da hast du deinen Getreuen. Aber schwätzt mir nicht zu viel. (*Er schließt die Thüre.*)

SABINE: Ist das nicht gefährlich?

RITTER: Ich hab' ihm sein Wort abgenommen. Und er ist schon selbst im Uebergangsstadium. Er fühlt sich schrecklich unglücklich und wird in Treuchtlingen Würstchen essen. Was wollt' ich denn – ich wollte Sie was fragen. Richtig. Sagen Sie mir aufrichtig: entstellt ist das Auge nicht?

SABINE: Garnicht. Das obere Lid deckt den Ausschnitt in der Iris vollständig. Dadurch ist sie auch nicht überblendet.

RITTER: Meine Mutter hat nämlich gefragt – natürlich, Frauenzimmer – da ist die Eitelkeit oben an.

SABINE: Es wird Ihnen doch auch lieber sein, daß es ohne kosmetische Entstellung abgegangen ist. Und vor allem Isolde.

RITTER: Dafür ist sie 'n junges Mädel. Ach bin ich froh, sag' ich Ihnen. Na und Sie? Machen Sie doch nicht so ein weises Gesicht. Es steht Ihnen viel besser, wenn Sie ein bißchen erschreckt aussehen und dumm. Oder so ganz strahlend, wie Sie nach der Operation herauskamen. Waren Sie drollig in Ihrem weißen Kittel und weißen Häubchen! Wie eine Köchin!

Was! In dem Augenblick hab ich Ihnen alles verzie- *excused*
hen. All' Ihre Gottlosigkeit und Ihren Materialismus.

SABINE: Ich glaube ja an die heilige Cäcilia – *patron saint of music – and of the blind*

RITTER: Das ist auch so ohne innere Ueberzeugung –
nicht bedingungslos.

SABINE: Nein, bedingungslos nicht.

RITTER: Sehen Sie – und darum kommt auch nichts Ge-
scheites dabei heraus. Vielleicht gewöhnen Sie sich's
noch ab – das Kritische.

SABINE: Dann muß es aber schnell gehen. Ich habe Ihnen
die ganze Zeit nicht davon gesprochen – es wird
Ernst mit Berlin –

RITTER: Ernst – wieso?

SABINE: Ich habe heute wieder Nachrichten bekommen –
ich habe Aussicht in vier Wochen oder noch früher –

RITTER: Sie wollen von uns fort – Und Sie glauben, daß
ich das erlaube?

SABINE (errötet und richtet sich ein wenig auf): Oh –

RITTER: Ja – können Sie denn das? Wie wollen Sie denn
existieren ohne uns?

SABINE (verwirrt und bewegt): Und wenn es – wenn es mir
noch so schwer wird, Sie zu verlassen – es ist meine
Pflicht.

RITTER: Pflicht hin Pflicht her! Nun haben Sie mal ein
paar Menschen, die sich für Sie interessieren, und
nun wollen Sie weglaufen. Sie und fort! Sie dürfen

117

nicht nach Berlin! Schönes Nest. Jeder Esel hat dort Verstand. Was wollen Sie denn mehr als hier? Der Professor hat den größten Respekt vor Ihnen, sämtliche Assistenten schwärmen Sie an –

SABINE: Ich muß auf eine vollkommen selbständige Stellung hinarbeiten. Und in einer Großstadt kann ich mehr lernen und mehr nützen.

RITTER: Warum denn eine selbständige Stellung – sogenannte? Partout Doktor Sabine Graef. Erstens erreichen Sie's nicht in unserer heutigen Weltordnung und zweitens hat's gar keinen Wert. Sie üben Ihren Beruf aus, so oder so. Ist das nicht genug?

SABINE (*ausweichend*): Ich habe aber bestimmte Forschungen im Auge und dafür –

RITTER: Gewäsch! Ausreden! Fräulein!! Sind Sie wirklich nur aus Wissenschaft und Menschenliebe konstruiert? Gar nicht mehr ein bißchen Weib? Mit eigenem Gefühl und eigener Sehnsucht?

SABINE (*schmerzvoll ihre Hände in einander ringend*): Es hilft nichts. Ich muß nach Berlin. Ich muß.

RITTER: Mit wem soll ich mich denn raufen, wenn Sie nicht mehr da sind? Mit keinem Menschen hab' ich mich so viel gerauft als mit Ihnen; außer mit Hanslick, dem bissigen Brahmsianer. Ich hatte doch so'ne Oede in mir, ehe Sie kamen.

SABINE: Weil Ihnen der Beruf fehlt, weil Sie wieder eine Thätigkeit –

RITTER: Nein. Auch früher. Bei aller Thätigkeit. Sogar mit Elisabeth – (*bricht ab*). Es fehlte mir was. (*Auf und abgehend, ganz in Gedanken und ganz unabsichtlich.*) Ich wartete immer auf was. Und da kamst du und 's wird mir wohl und du willst wieder fortgehen. Ich werde doch nicht der Narr sein. Ich laß dich nicht. Punktum. Streusand drauf. Hörst du? (*Besinnt sich an dem letzten Wort wie ans einem Traume erwachend.*) Ja wa – – ja natürlich – (*Treuherzig.*) Jetzt merk' ich's erst. Darum! Merkst du nichts? (*Rennt auf Sabine zu, die sich vom Augenblicke, da er sie zum ersten Male du nennt, zusehends erbleicht hat, und nimmt sie in beide Arme.*) Ich darf doch?

SABINE (*sinkt langsam ohnmächtig an ihm herunter*).

RITTER: Sabine – Mädel – wer wird denn so dumm sein. Ich thu' dir ja nichts. Schau mich doch an!

SABINE (*sich langsam erholend*): Oh – entschuldigen Sie – aber – (*sie macht eine Bewegung nach dem Herzen*).

RITTER (*läßt sie auf einen Stuhl nieder*): Sag' doch was – sonst meine ich ja, du magst mich nicht.

SABINE (*halb schmerzlich, halb selig die Augen zu ihm aufschlagend*): Wenn – wenn ich Ihnen gut genug bin –

RITTER: Es thut sich, mein Junge. Es thut sich. Ich bin zufrieden mit dir. Du kleines Kindergesicht du! Teufel

'nein, ich bin aber alt für dich. Am End' werd' ich
bald grau –

SABINE (*leise, aber voll namenlosen Glücks*): Werd' nur! Jetzt
ist mir alles recht.

RITTER: Ich will aber nicht alt werden. Ich will jung sein
für meine hübsche schöne Frau – ich will dir gefallen.

SABINE (*aus tiefstem Herzen, indem sie seine Hand an ihre
Brust preßt*): Oh – du gefällst mir.

RITTER: Sag' mal Heinrich zu mir.

SABINE (*zögert ein wenig*).

RITTER: Na? Folgen!

SABINE (*leise und rasch*): Heinrich.

RITTER: So ist's recht. Du wirst mir überhaupt folgen.
Neumodische Mucken giebt's nicht. Das heißt: du
kannst weiter doktern. (*Sie anschauend.*) Ach – thu'
was du willst. Wenn du mich nur lieb hast. Nein,
Kinder, so ein Glück auf meine alten Tage. Grad'
hinausschreien könnt' ich vor Freude. Und die Mutter! Die wird ja – ganz – (*die Stimme versagt ihm*).

SABINE (*von einem plötzlichen Schauer befallen, weist nach
Isoldens Thüre*): Und –?

RITTER (*selig, aufgeregt, durcheinander*): Bonni? Na wenn
die nicht – die Schuhe darf sie dir küssen. Mehr hast
du ihr gerettet als das Leben und sie gepflegt obendrein wie ein halbes Dutzend Mütter. Selig wird sie
sein. Aber gewiß, ich kenn' mein Kind. Nur ge-

120

schwind muß es jetzt gehen. Ich kann's nicht erwarten, bis ich dich im Haus habe. Morgen wird angemeldet – mein Taufschein wird sich schon irgendwo finden – du bist doch katholisch?

SABINE: Ich bin konfessionslos.

RITTER: Heiliger! So eine Verrücktheit! Wirst du sehen, was uns das jetzt für Scheererеien macht. Hast du denn nicht an mich gedacht damals.

SABINE: Vor sechs Jahren?

RITTER (ärgerlich): Mit der Kirchentrauung ist's dann nichts. Natürlich. Zu dumm! So einen schönen Chor hätt' man singen können. Aber ein Kleid ziehst du mir an – das sag' ich dir. So ein weißes – so Braut. Und so Schleier – über den Kopf herunter – und so grüne Blätter – du weißt schon, was ich meine. Zum Anbeißen wirst du sein. (*Nimmt sie mit einem Arm um die Taille und geht mit ihr im Zimmer herum.*) Ist das nun nicht hunderttausendmal schöner als die ganze lumpige Medizinkomödie?

SABINE (*den Kopf an seine Schulter gelegt*): Schöner – ist es.

RITTER: Ich werde dich lehren glücklich sein. Schläge kriegst du, wenn du nicht glücklich bist. Und den Verstand treib' ich dir aus.

 SABINE: Ich will ganz dumm werden – ganz glücklich dumm.

RITTER (*ihren Kopf in seine Hände nehmend*): Guck mal, wie ich dich jetzt anfassen darf. Das darf ich jetzt, das darf ich. Das ist mein Recht. Ich darf dir sogar – (*stockt*). Lach' mich nicht aus. Dazu hab' ich noch keine Courage. Du hast so was wunderschön Unangerührtes. Es hat dir doch noch keiner einen gegeben?

SABINE: Keiner – nur mein Vater.

RITTER: Gott sei Dank. Es hätt' mich recht unglücklich gemacht, wenn – Aber so sag' mir doch was. Bin ich dein Ideal?

SABINE (*sieht ihn an und wirft sich in seine Arme*): Viel besser.

RITTER (*ihr den Scheitel streichelnd und sie in seinen Armen hin und her wiegend*): Mein kleines Altstimmchen, das immer die Zähne nicht aufmacht beim Singen – (*sieht, daß Sabine weint*). Aber Schlingel, was fehlt dir denn –? Warum weinst du denn?

SABINE: Weil ich mich so freue.

Pause.

SABINE (*löst sich von seiner Brust*): – Oh Heinrich – es muß schon spät sein. Wie spät ist's denn? Ich muß ja heim.

RITTER: Bitte – du bist daheim.

SABINE (*mit der Wange über seine Schulter streichend*): Ich werde. Aber auf die Klinik muß ich doch – ich muß nachsehen – die Operierten von heute morgen –

RITTER: Einmal wird das doch der Horn auch können.

122

SABINE: Nein, den neuen Verband muß ich selbst machen. Sonst hab' ich keine Ruhe. Und heute, wo mir – heut' wär' das eine Sünde! Ich bitte dich! Heut' möcht ich doch alle Schmerzen aus der Welt nehmen. Nein. (*Setzt hastig ihren Hut auf und zieht das Jäckchen an.*)

RITTER (*etwas brummend, während er in sein Zimmer geht*): Ich will aber die Hauptperson sein.

SABINE (*sieht wieder nach Isoldens Thüre, vom gleichen Schauer wie vorhin erfaßt, richtet sich dann stolz empor*): Und wenn!

RITTER (*kommt mit Hut, Schirm und Ueberzieher zurück*): Ich begleite dich. Du wirst dich überhaupt jetzt an Begleitung gewöhnen. Meine Braut ist eine Dame, kein Doktor. Bitte Ihren Arm, meine Gnädige!

SABINE (*giebt ihm schüchtern den Arm*).

RITTER (*mit ihr ein paar Schritte nach der Veranda gehend*): Du bist ja mit dem linken Fuß angetreten. Halt! Rechts! So! Du hast noch viel zu lernen, mein Kind. Und nun Takt halten. Eins zwei – eins zwei – (*Aus dem Zählen in scharf rhythmisches Singen übergehend. Die Melodie des Brautchores aus Lohengrin.*) Lalalala – lalalala – (*Mit Sabine über die Veranda hinaus. Nach einigen Augenblicken wird die Thüre von Isoldens Zimmer geöffnet.*)

123

CARL (*sieht heraus, spricht dann zurück*): Abgesegelt – scheint wenigstens. (*Schiebt die Thüre weiter zurück.*) Darfst du wirklich –

ISOLDE (*erscheint in der Thüre. Sie trägt ein schleppendes weißes Negligée, die Zöpfe hängend, aber nicht mit Bändern zugebunden. Das Gesicht ist blaß und mager. Der Zwicker grau und bedeutend dunkler als der frühere. Sie ist bald apathisch, bald erregt, krampfhaft und fiebernd in allen Bewegungen. Während sie sich mühsam vorwärts schleppt von Carl unterstützt*): Ich halt' es drin nicht mehr aus, es riecht alles nach Carbol – und das Iodoform. Ich bringe den Geruch garnicht mehr los aus der Nase. (*Sinkt in einen Stuhl.*)

CARL: Warum bist du nicht früher heraus?

ISOLDE: Wo die hier war? Ich kann sie nicht zusammen sehen. Wenn er ihr nachläuft mit den Augen – Hast du ihn singen hören vorhin?

CARL (*traurig zerstreut*): Ja ja – Gaudeamus. "Let us Rejoice" first words of popular student song

ISOLDE: So viel singt er jetzt – wie einer vom Theater.

CARL: Nun ja, weil du wieder aus dem Korb bist.

ISOLDE: Und weil sie es so gut gemacht hat. O Carl, wär' ich ihr doch ins Messer gefahren, daß sie mir das Aug' zerschnitten hätte. Hätt' ich mich nur getraut! Ich hasse sie, ich hasse sie.

CARL: Bonni – sie dampft ja nach Berlin ab, ganz sicher, ich hab's gehört. [leaving]

ISOLDE: Dann wird er an sie denken. Du wirst sehen, er wird an sie denken. Sie schreiben sich am Ende. Ich will nicht. Ich will ihr nicht dankbar sein.

CARL: Aber wenn sie dich doch 'mal gerettet hat –

ISOLDE: Was hat sie? Wer weiß, ob ich nicht weniger Schmerzen gehabt hätte, wenn mich der Berger hätt' operiert. Oh – es ist zu gräßlich, wenn man so daliegt und das Blut – ach! Sie war wie ein Stück Eis – nicht gezittert hat sie –

CARL: Sie durfte doch nicht –

ISOLDE: Und wenn sie mich hundertmal gepflegt hat – lieb hat mich die nicht trotz allem. Lieb nicht. Die schaut auf mich herunter – das spür' ich. Ich lasse mich nicht verachten, ich lass' mich nicht – o wenn ich ihr was thun könnte, was anthun, daß der Papa sie nicht mehr mag –

CARL (*ausbrechend*): Und ich darf dich nicht retten! Ich muß dich verlassen! Jetzt! Der Einzige, der – (*er wirft sich vor ihr auf die Kniee*). Und nicht einmal sagen darf ich's dir.

ISOLDE (*argwöhnisch*): Was – was darfst du mir nicht sagen?

CARL: Nicht einmal diesen schwachen Trost, mein Herz auszuschütten –

ISOLDE (*mit trockener Kehle und jagender Stimme*): Was – du weißt etwas –

CARL: Ich darf's dir nicht sagen, ich darf meinen Schwur nicht brechen –

ISOLDE: Wem hast du – was hast du geschworen –

CARL: Deinem grausamen Vater, daß ich's dir nicht sage! Sonst hätt' er mich nicht mehr zu dir gelassen. Und ich reis' doch ab. Ich hab' ihm meine Ehre verpfändet –

ISOLDE: Das ist ganz gleich – du mußt mir sagen –

CARL: Oh Isolde, ich will für dich sterben – aber das kann ich nicht. Ich darf nicht ehrlos werden – das thut kein Student. Wenn du es nicht errätst –

ISOLDE (*schaut ihn lange starr an*): Erraten –

CARL (*küßt ihr die Hände*): Deine armen Hände – du hast ja wie Feuer in den Händen – tröst' mich doch, Bonni – ich muß gleich fort – in einer Stunde geht der Zug –

ISOLDE: Geh' nicht – geh' nicht fort, Carl, lass' mich nicht allein –

CARL: Ich muß fort – ich hab' doch mein Billet für den Schlafwagen – .

ISOLDE (*in krampfhaftes Gelächter ausbrechend*): Und er geht fort und sagt mir nichts. (*Stößt ihn von sich.*) Geh' nur, ich weiß es doch!!

CARL: Du kannst es nicht wissen – das Ungeheure.

ISOLDE: Ich bin nicht so dumm wie du glaubst. An den fünf Finger kann ich mir's abzählen. Geh' du nur fort für immer. Die ganze Welt verläßt mich. Schon recht so. Ihr sollt es bereuen, wie ihr mich zu Grunde gerichtet habt.

CARL: Oh Bonni, du zerfleischest mich. *(Sieht auf seine Uhr.)* Ich muß fort! Es ist höchste Zeit. O gewähre mir Eines. O bitte – einen Kuß. Es ist doch nichts dabei.

ISOLDE: Garnichts ist dabei, den hättest du lange haben können, wenn du nicht so dumm gewesen wärest.

CARL *(umarmt und küßt sie leidenschaftlich, reißt sich dann los, faßt Schirm, Hut und Ueberrock und will über die Terrasse abstürzen):* Leb' wohl – auf ewig. *(Wie er die Glasthüre aufreißt, schlägt ihm Sturm und Regen entgegen. Er fährt zurück.)* Ach – ich muß doch den Mantel anziehen – es gießt so – *(er spannt den Schirm auf).* Leb' wohl Isolde – ich gehe in die Nacht. *(Er geht, ohne die Thüre fest ins Schloß fallen zu lassen. Es ist sehr dunkel geworden.)*

ISOLDE *(wie im Fieber vor sich hinlallend):* Stiefmutter – Stiefmutter. *(Es klopft leise.)*

ISOLDE *(antwortet nicht).*

ANNA *(steckt den Kopf zur Thüre herein):* Gnädige allein – Herr Carl –

ISOLDE *(macht eine Handbewegung nach der Glasthüre):* Ist der Papa – ich will ihn –

ANNA: Gnädige Herr sind schon lange fort – mit Fräulein
Doktor – im Arm.

ISOLDE (*zuckt zusammen*): Was hat er – was hat er sie –

ANNA: Arm geführt hat er sie.

ISOLDE (*bäumt sich empor*).

ANNA (*ängstlich näher kommend*): Papa wird bald kommen
gewiß –

ISOLDE: Ich brauch' ihn nicht mehr – ich will ihn nicht
mehr. Bring' mir – bring' mir – warum bringst du
mir's nicht –

ANNA: Was denn bringen –

ISOLDE: Ich hab' dir's doch gesagt –, den roten – das Lavendelsalz im roten Kasten – weil ich Kopfweh –
habe –

ANNA (*läuft in Isoldens Schlafzimmer*).

ISOLDE (*reißt in stummer Wut an den Spitzen ihres Kleides,
bis ein paar Fetzen herunterhängen, zerrt die Rosen aus
der Schale, entblättert sie und wirft sie zu Boden, beißt
sich in die Hände, bis sie halb ohnmächtig zurücksinkt*).

ANNA (*kommt wieder, stellt den roten Plüschkasten neben Isolde*).

ISOLDE: Geh' hinaus – ich will ganz allein sein – niemand soll hereinkommen – niemand.

ANNA (*langsam ab nach dem Vorzimmer*).

ISOLDE (*schlägt den Deckel des Kästchens auf, sucht mit zit-
ternden Händen das Flacon heraus und versucht in der
Dämmerung die Aufschrift zu lesen. Mit einem tiefen*

Aufatmen): Das! (*Mit sehr lauter Stimme.*) Ich habe Mut – ich will Mut haben – und ich will – (*Sie löst hastig ihre Zöpfe, daß die Haare lang über die Schultern fallen. Sie steht auf, schüttelt sie zurück und greift wieder nach dem Fläschchen. Von Fieber durchschauert mit lauter Stimme.*) Ich habe Mut – ich habe wirklich Mut – Vater unser – der – der du bist – Papa!! Laß mich doch nicht sterben – ich will doch nicht! – Ich habe schon Mut – (*sie reißt den Stöpsel aus dem Fläschchen, setzt es an die Lippen und schleudert es im gleichen Augenblicke aufschreiend von sich, indem sie zu Boden stürzt*). Ich kann nicht – ich – (*Der Wind reißt die Glasthüre auf, Sturm und Regen strömen herein. Isolde, von Kälte überschauert, ächzt noch einmal auf und bleibt dann bewußtlos liegen.*)

RITTER (*kommt hastig stampfend über die Terrasse*): Lalalala – Sapperlott, hat wieder einer die Thüre nicht fest zugemacht – (*Er bemüht sich, die gegen den Sturm widerstrebende Thüre zu schließen. Es gelingt ihm, er schiebt den Riegel vor und stolpert weiter. Er hat eine Schachtel mit Schwefelhölzchen aus der Tasche gezogen und bemüht sich, sie anzustreichen, während er vorwärts geht. Er stößt mit dem Fuß an Isolde.*) Verdammter Schemel. (*Das Zündholz brennt an, er sieht auf den Boden, stößt einen markerschütternden Schrei aus, das Hölzchen fällt und löscht wieder aus.*)

129

RITTER (*zu Isolde niederstürzend*): Mein Kind, mein Kind – Was ist denn geschehen – (*er hebt sie empor, lautschreiend*). Anna, Anna – Babe – mein Kind – Anna –

ANNA (*kommt mit einer Kerze hereingestürzt, einige Momente später Babe*).

RITTER: Was ist da geschehen – was habt ihr dem Kind gethan – Wasser her – Wasser –

BABE (*nimmt ein Glas vom Kredenztisch und sprengt auf Isoldens Stirne*).

RITTER: Rennt – rennt. In die Stadt – holt Sabine – mein Kind, o mein Kind, sterb' mir nicht – holt Sabine.

Anna und Babe rennen hinaus.

ISOLDE (*mit letzter Kraft aufstöhnend*): Nicht – die nicht!

RITTER (*steht einen Augenblick versteinert, schwankt, läßt Isolde in den Lehnstuhl gleiten, taumelt an die Thüre*): Anna – den Professor – holt den Professor Berger – ihn selbst – nicht Fräulein Graef – (*ins Zimmer zurückkommend bricht er halbwegs zusammen*). Die – nicht!

FÜNFTER AKT

Heller Herbsttag. Die Glasthüre ist geöffnet. Welkes Laub auf die Schwelle geweht. Im Garten kühler Sonnenschein. Ritter gebeugt mit vergrämtem gealtertem Gesichte steht am Klavier, müde vor sich hinstarrend. Isolde sitzt im Lehnstuhl, abgemagert, mit durchsichtigem Gesichte und fast weißen Lippen, völlig erblindet. Sie hat eine Schüssel im Schoß mit zusammengeschütteten Erbsen, Linsen, Bohnen, Reiskörnern und sucht sie vorsichtig mit den Fingerspitzen fühlend auseinander, um jede Sorte in ein besonderes hölzernes Schüsselchen zu legen, deren vier vor ihr auf dem Tische stehen.

ISOLDE (*wendet den Kopf nach der Thüre rechts, Ritter dort vermuthend*): Papa – schau mal nach, ob ich's recht mache. Ich mein', ich hab' da eine Erbse zu den Linsen –

RITTER (*herankommend*): Ich bin hier, Kind, hier.

ISOLDE (*wendet den Kopf nach dem Klange der Stimme*): Ach so, ich meinte, du wärst an der Thüre. (*Tastet auf das erste Schüsselchen.*) Lauter Bohnen?

RITTER (*mit den Fingern durchfahrend*): Lauter Bohnen.

ISOLDE (*auf das zweite weisend*): Erbsen?

RITTER: Da ist eine Linse – zwei. Du hast dich vielleicht
in den Schüsselchen geirrt.

ISOLDE: Ich hab' wohl nicht recht aufgepaßt. Und die
Linsen?

RITTER (*das dritte Schüsselchen durchwühlend*): Eine Erbse.
Die ist aber wirklich genau wie eine Linse.

ISOLDE: Und der Reis?

RITTER: Der – der ist ganz richtig. Du bist ja schon eine
kleine Meisterin.

ISOLDE (*vergnügt*): Nicht wahr, es geht schon viel besser.
Das erste Mal! Da brachte ich alles durcheinander.
Nun werde ich bald Flechtarbeiten bekommen und
da flecht' ich dir dann so einen hübschen Papier-
korb. Gerade so schön wie die geschicktesten Blinden im Blindeninstitut.

RITTER (*preßt sich die Fäuste auf den Mund, wie um einen
Schrei zu ersticken, und wendet sich ab*).

ISOLDE (*nachdem sie einen Augenblick auf Antwort gewartet*):
Wird dich das nicht freuen, Papa?

RITTER (*müde*): O ja mein Kind.

ISOLDE (*stellt die Schüssel von ihrem Schoß auf den Tisch zurück, immer vorsichtig tastend*): Ich werd' aber jetzt
doch aufhören. Zuletzt kribbelt's einem ganz in den
Fingerspitzen von dem ewigen Fühlen und Fühlen
und man spürt gar nichts mehr. (*Sie steht auf.*)

RITTER (*macht eine ängstliche Bewegung auf sie zu*): Nimm dich in acht – du wirst dich stoßen.

ISOLDE: Ach du dummer Papa, du weißt gar nicht, wie gut ich's schon kann, das Alleingehen. (*Streckt in falscher Richtung abwehrend die Hände aus.*) Laß mich nur.

RITTER: Du wirst dir etwas thun –

ISOLDE (*langsam auf ihre Schlafzimmerthüre zugehend*): Nicht das Mindeste. Da – ist der Stuhl – und da – der Tisch – und nun geh' ich da herum – und nun muß ich gerade auf die Thüre – (*macht ein paar raschere Schritte vorwärts und stößt sich gegen die Thüre*). Oh!

RITTER (*auf sie zu*): Siehst du – siehst du!

ISOLDE: Es thut mir gar nicht weh. Das war nur ein Zufall. Man darf mich nur nicht irre machen, wenn ich gehe.

RITTER: Ich bin in einer Angst – daß du einmal fällst –

ISOLDE: Ich falle nicht, Papa – geh' nur weg – du wirst sehen, wie ich ganz schön wieder in meinen Stuhl zurückkomme. Jetzt lerne ich – das Laufen eben zum zweiten Male. (*Setzt sich in den Stuhl.*) Da wären wir! Bewunderst du mich nicht?

RITTER (*mit Wehmut sich über sie neigend*): Ja …

Pause.

ISOLDE: Arg still bist du Papa – so wenig reden – du mußt endlich wieder mal ausgehen – in die Stadt.

133

RITTER: Ich habe nichts zu thun in der Stadt.

ISOLDE: Damit du mir was erzählen kannst. Ganz lange sechs Wochen hast du keinen Schritt mehr aus dem Hause gemacht.

RITTER: Es passiert nichts in der Stadt.

ISOLDE (*kopfschüttelnd*): Du mußt aber doch mal wieder hineingehen. Du bist mir so still.

RITTER (*nimmt ihre Hand*): Laß mich bei dir bleiben, Bonni.

ISOLDE (*seine Hände streichelnd*): Armer Papa. Und spielen thust du auch nicht mehr.

RITTER: Wenn du willst – soll ich dir von Chopin vorspielen – das Nocturno – mit dem schönen Mittelsatz –

ISOLDE (*hastig*): Nein, nein. Du spielst ihn doch nicht gern. Und es gefällt mir nicht mehr so ... ich werde dich um was anderes bitten.

RITTER: Um was anderes? Was denn?

ISOLDE: Ich hätt' schon früher daran denken sollen und hab' es immer wieder vergessen – im Leichtsinn. Weißt du, die Kleine von Frau Blättner, die mir vorliest – sie hat wirklich viel Talent zum Klavierspielen – die Kleine – nämlich – ob du ihr nicht Stunden geben wolltest?

RITTER: Hast du sie denn gehört?

ISOLDE: Nein – aber die Mutter sagt, sie hätte viel Talent.

RITTER: Die Mutter!

134

ISOLDE: Hören kannst du sie mal ja – und wenn es wahr ist – dann giebst du ihr Stunden – mir zu liebe.

RITTER: Was du willst – alles, was du willst. *aria from Wagner*

ISOLDE (*summt leise vor sich hin*): „Am stillen Herd, zur Winterszeit" – (*bricht ab*). War der Briefträger schon da?

RITTER: Ja, schon vor einer Stunde.

ISOLDE: Schon so spät ist es – hat er was gebracht?

RITTER: Von Carl – paar Worte.

ISOLDE: So – was?

RITTER: Wie's dir geht – ich soll ihm ausführlich schreiben – Was soll ich ihm schreiben? Ich weiß nicht, wie ich es ihm sagen soll.

ISOLDE: Ganz ruhig kannst du ihm es sagen. Weißt du, was er thun wird? Er wird fürchterlich weinen und sich auf den Boden werfen und mit den Händen ins Holz kratzen – und wenn er sich einen Schiefer *splinter* eingezogen hat, wird er ihn mit einer desinfizierten Na- *needle* del wieder herausmachen. Und dann wird er ein sehr langes tragisches wunderschönes Gedicht verfassen. Ja. Und darum kannst du's ihm ruhig schreiben.

RITTER: Und der Großmama?

ISOLDE: Der Großmama – vielleicht wär's besser, wenn man es ihr sagt – mündlich.

RITTER: Sagen – wer – ich?

ISOLDE: Oder ich.

RITTER: Wie denn – soll sie herkommen?

135

ISOLDE: Ich könnte ja hinkommen – zurück – nach Wien?

RITTER: Nach – Wien?

ISOLDE (*über ihre Kniee streichend, ein wenig mühselig aber
sanft*): Ich weiß eigentlich nicht, warum ich hier
bleiben soll ... es ist doch aus. Der Professor hat
selbst gesagt, daß man mir nicht mehr helfen kann.
Ich bin ja ganz zufrieden. Ich meine eben – also ist
eigentlich kein Grund mehr, hier zu bleiben. Wir
sind doch wegen dem Professor her. Und wenn er
mir nicht mehr helfen kann –

RITTER: (*eintönig wiederholend*): Nicht mehr – helfen kann
– Aber schau, Bonni – du hast dich doch auch mit der
Großmama nicht so – verstanden und vertragen –

ISOLDE: Damals, damals. Ich habe eben nicht gemußt.
Heute – muß ich.

RITTER: Warum mußt du?

ISOLDE (*den Kopf leise hin und herwiegend*): Ich muß, ich
muß. Und es wird jetzt besser gehen mit Großmama. Sag' mal, Papa – ganz aufrichtig – bin ich
sehr häßlich geworden?

RITTER: Nein – Gewiß nein.

ISOLDE: Aber die Augen – ganz blöd und starr –

RITTER (*leise*): Man sieht sie ja nicht – wenn du das Glas
aufhast.

ISOLDE: Und das werd' ich vor Großmama nie herunter-
thun. Nie. Du wirst sehen, wenn ich ein feines

schwarzes Kleid anhabe, im Salon Spitzer gemacht
– recht schlank und recht blaß und die blonden
Zöpfe auf dem schwarzen Kleid – dann werden die
Leute immer noch sagen: das arme hübsche Ding.
Und Großmama wird weinen und wird mich aber
doch sehr lieb haben vor Mitleid und Stolz. *(Sie
lacht leise.)* So ist's. Ganz gewiß. Ich kenne meine
Pappenheimer.

RITTER *(schmerzlich ungläubig)*: Ob du Recht hast, Bonni
– ob das dauern wird –

ISOLDE *(hastig)*: O ich habe Recht. Ich bin überhaupt gescheiter geworden. Findest du nicht auch, Papa? Es
ist merkwürdig. Früher habe ich immer geglaubt,
ich muß das haben und das und das – und nun seh'
ich, daß man's nicht haben muß und gar nicht unglücklich darüber wird. Wenn man sein bißchen
Essen hat und Bohnen und Linsen und Erbsen zum
Spielen – gar nichts brauch' ich weiter. *(Gezwungen
scherzhaft.)* Nicht einmal dich, Papa.

RITTER: Sag' das nicht, Bonni. Das ist ja noch mein
einziger Trost, daß ich bei dir bin.

ISOLDE: Das ist recht schön. Du kannst aber doch nicht
immer bei mir bleiben.

RITTER: Ich will immer bei dir bleiben.

ISOLDE: Nein, Papa, das wäre sehr unklug von mir. Da
hättest du mich bald satt. Das bildet man sich ein

137

im Anfang, daß es mit dem Mitleid immer fortgeht.
Das ist gar nicht möglich. Eines Tages wirst du
gewöhnt sein, daß ich – daß ich – nicht sehe und an
dem Tage werde ich dir über sein.

RITTER (*wendet sich mit einer verzweifelten Geberde von ihr*).

ISOLDE (*auf eine Antwort wartend*): Nun?

RITTER: Was?

ISOLDE: Ich habe gemeint, du sagest mir was.

RITTER (*schweigt*).

ISOLDE: Du bist ein Einsilbiger. Nicht ein Mal hast du
mehr Gans zu mir gesagt. Bist du krank, weil du
nicht schimpfst?

RITTER: Nein.

ISOLDE: Ja – nein. Nein – ja. Papa. Ich werde dich auf Reisen schicken.

RITTER: Mach' doch keinen Scherz.

ISOLDE: Wenn einer eine Reise thut,
So kann er was erzählen,
Drum nahm ich meinen Stock und Hut
Und thät das Reisen wählen.
Drum, Herr Urian, Sie werden reisen.

RITTER (*fängt an, ihre Absicht herauszufühlen, mit verhalte-
nem Atem*): Wohin denn? Ich habe nirgends was zu
suchen.

ISOLDE: Glaubst du denn, die Leute, die auf Reisen gehen, suchen alle was? Zerstreuen sollst du dich –
nach Dresden – Leipzig – vielleicht Berlin.

RITTER (*Isolde genau beobachtend*): Nein, Bonni.

ISOLDE (*eigensinnig*): Aber warum denn nicht? Du bist nie
dort gewesen. Und es ist jetzt doch das Centrum.

RITTER: Und was wirst du thun, wenn ich fort bin?

IISOLDE: Ich? Ich werde an dich denken und allein sein.
Nein. Ich mein', allein sein und an dich denken.

RITTER: Es ist dir nicht lieber, wenn ich bei dir bin?

ISOLDE (*ausweichend*): Lieber? Es ist einem eine ganze
Menge lieber und wenn man's nicht hat, ist doch
kein Malheur?

RITTER (*leise, flehend*): Willst du – nicht mit mir gehen?

ISOLDE: Wohin – mit dir?

RITTER: Nach – Berlin?

ISOLDE (*emporschnellend mit all ihrer früheren Leidenschaft
und Maßlosigkeit*): Nie! Nie! Nie!

Pause.

ISOLDE (*ist ganz in ihren Sessel zurückgesunken, sie zittert
und gräbt die Zähne in die Lippen*).

RITTER (*fährt sich über die Stirne, geht zu Isolde und nimmt
ihren Kopf in die Hände*): Mein Kind, mein Kind –
wir werden nach Wien zurückgehen. Beide – aber
nicht bei Großmama wohnen – nicht in der staubi-
gen Praterstraße. Draußen im Cottage wird sich

139

schon was finden – was Hübsches – mit einem Garten. Und da werden wir mit einander sein – alle
Tage – und fröhlich sein.

ISOLDE: Nein Papa, nein, du sollst dich nicht opfern.

RITTER: Ich bitte dich, laß mich bei dir bleiben.

ISOLDE (*ist still, dann qualvoll aufschreiend*): Wenn ich dich
nur sehen könnte, wenn ich dich nur sehen könnte!
– nicht wegen dem Sehen, ich möchte nur wissen,
was du für ein Gesicht hast – so das geduldige mit
den stillen Augen – ach Papa, nur nicht das geduldige, nicht das geduldige! Ach wär' ich doch tot,
hätt' ich doch den Mut gehabt!

RITTER (*vor ihr auf den Knieen, ihre Hände küssend*): Und
ich bitte dich, daß du lebst, daß du bei mir bleibst,
bei deinem alten Papa, der nichts auf der ganzen
Welt mehr hat als dich.

ISOLDE (*gequält*): Aber ich weiß doch und wenn du hundertmal nein sagst, ich fühle es doch –

RITTER: Was weißt du …

ISOLDE: Sie …

RITTER (*aufstehend, sich zur vollen Ruhe überwindend*):
Hast du's immer noch im Kopf, das dumme Zeug?
Wie hast du dich denn da hineingebohrt?

ISOLDE: Ich hab' dich doch nicht mehr. Wenn du auch
bei mir bist. Ich hab' dich nicht mehr. Drum will
ich dich lieber ganz hergeben. Ich hab' mir vorge-

nommen, sehr vernünftig zu werden. Du hast die
vernünftigen Leute lieber als die unvernünftigen.
Das hab' ich schon bemerkt. Drum will ich vernünftig werden. Soviel ich kann.

RITTER: Und ich will dir alles zu liebe thun.

ISOLDE: Zu liebe thun – aber lieb haben …

RITTER (*leise*): Lieb haben. Lieb haben.

ISOLDE (*greift nach seinem Gesicht, um es zu streicheln*): Ach
Papa – wenn's möglich wäre, daß du mir verzeihst –
weil ich doch selber schuld bin, daß es so schief ge-
gangen ist … Du sollst sehen, ich kann noch allerlei
lernen. Wenn du mir mal vorlesen wolltest aus ge-
scheiten Büchern – (*etwas zaghaft*). Kant – meinst du?

RITTER: Du Gutes. Nein, nein. Deinen armen Kopf anstrengen –

ISOLDE: Jetzt ist er gar nicht arm. Ich habe keine Schmerzen mehr. Das ist doch ein riesiges Glück. O die
Schmerzen – die letzten – wo dann das Sehen aus
war –

RITTER: Denk' nicht daran. Bonni. Denk' an Wien – und
wie du es dir da einrichten willst.

ISOLDE: Papa! In Wien wird's doch auch arme Kinder geben. Meinst du nicht, ich könnte mir eine Kleinkin-
derschule machen – denk' mal – und ihnen neue
Schürzen schenken – und wenn recht viel gescheite
darunter sind – vielleicht ist einer mit einem Genie

dabei, das sonst verloren ginge – das wär' doch edel von mir – von uns – denn du mußt auch helfen –

RITTER: Luftschlösser bauen.

ISOLDE: Ich habe eben so einen Berg Zeit –

ANNA (*kommt hastig über die Veranda heraufgelaufen, eine Visitenkarte Ritter übergebend*).

RITTER (*wechselt die Farbe, legt den Finger auf den Mund und frägt kaum hörbar*): Wo?

ANNA (*weist mit der Hand in den Garten*).

RITTER: Bitte.

ANNA (*ab in den Garten*).

ISOLDE: Papa – ist nicht jemand da?

RITTER: Anna war's – sie kommt gleich wieder. Willst du nicht in den Garten mit ihr? Eh' die Sonne hinunter ist? Dann wird es zu feucht. Du warst heute noch so wenig im Freien.

ISOLDE (*steht auf*): Ja – aber sie darf mich nicht führen.

RITTER (*ruft in den Garten*): Anna!

ISOLDE: Sie soll nebenher gehen. Ich geh' allein und zähle Schritte –

RITTER: Nur vorsichtig.

ISOLDE: Ich weiß schon ganz genau – sogar ums Rondell herum – bis zur Thüre hab ich jetzt zwölf Schritte. (*Zählt und geht.*) Eins, zwei, drei, vier, fünf, sechs, sieben, acht, neun, zehn, elf, zwölf – (*bleibt stehen*).

RITTER: Noch zwei, Kind, noch zwei.

ISOLDE (*ärgerlich*): Ach – ich muß sie zu klein gemacht haben – wie dumm!

ANNA (*ist die Treppe wieder heraufgekommen mit Sabine, welche sich stehenbleibend ganz in den Thürbogen zur Seite drückt*).

ISOLDE: Wo ist denn die Anna?

ANNA (*tritt an ihre Seite und giebt ihr den Arm*).

ISOLDE: Ueber die Treppe darfst du mich führen aber dann gleich wieder loslassen. (*Geht langsam mit Anna die Stufen hinunter.*)

SABINE (*tritt ein. Schwarz gekleidet. Sehr bleich, mit dunklen Ringen unter den Augen.*)

RITTER (*geht ihr ein paar Schritte entgegen, sie stehen sich in der Mitte des Zimmers stumm gegenüber*).

SABINE (*schaut mit tiefem Schmerz auf seine gebeugte Gestalt*).

RITTER (*endlich mit einer Handbewegung nach dem Garten*): Blind.

SABINE (*leise*): Ich weiß.

Pause.

SABINE: Ich wär' nicht gekommen gegen deinen Willen – wenn ich nicht –

RITTER: Bitte, setz' dich.

SABINE (*geht auf die andere Seite, setzt sich in Isoldens Stuhl, nimmt ihren Hut ab*).

RITTER: Hast du – ich hab' dir 'ja doch – nicht wahr ich hab' dir geschrieben?

143

SABINE: Ja.

RITTER: Hast du den Brief denn verstehen können? Er war gewiß unsinnig – ich war selber so aus allen Fugen –

SABINE: Alles hab' ich verstanden. Isolde wollte sich das Leben nehmen, weil wir –

RITTER: Weil wir beiden – und ist blind geworden. Und das Fieber – ach!! Ausgelöscht – jeder Tropfen Licht.

SABINE: Glaucom auf beiden Augen – ich weiß – von Berger.

RITTER: Verzeih' mir nur – aber ich durfte dich nicht mehr kommen lassen. Sie wär' mir wahnsinnig geworden. Und weg von ihr konnte ich auch nicht. Ich weiß, es hat Klatsch gegeben. Du hättest die Operation verfehlt – und die Kur war falsch –

SABINE: Ach das! Was Menschen reden. Ich dachte nur an dich.

RITTER: Isolde haben wir gesagt, daß du schnell nach Berlin hättest müssen – in die neue Stellung –

SABINE: Deswegen komme ich. Morgen soll ich fort.

RITTER (*ins Innerste getroffen*): Morgen!

SABINE (*steht auf*): Soll ich? – Heinrich?

RITTER (*legt die Hände über die Augen*): – Ja.

Pause.

RITTER: Ich kann sie nicht verlassen – die Blinde, so muß ich dich hergeben.

144

SABINE: Du mußt nicht. Ich hab' mir's in den vielen Nächten zu Ende gebracht. Ich will meinen Beruf aufgeben. Ganz. Ich will mit dir gehen – und sie pflegen. Ich will gar nichts für mich brauchen. Ich will so sparsam sein. Ich will alles thun, was sie will. Nur daß ich bei dir bin. Nur daß ich bei dir bin.

RITTER: Du goldner Kerl – und wenn ich mir dein Leben schenken lass' – es geht nicht. Gerade das nicht. Sie wird sich verzehren und verzehren – jetzt weiß ich's.

SABINE: Aber was will ich denn? Nichts von dir! Begreif' mich, Heinrich. Nichts. Nicht deinen Namen, nicht – dich! Nimm mich als Pflegerin ins Haus – für sie. Nur daß ich da bin. Daß du nicht allein bist. So verlassen – so grenzenlos verlassen – Gott im Himmel, und wenn sie dein Weib wär', so könnt' sie mir doch das nicht verweigern!

RITTER: Sie wird es auch nicht – vielleicht nicht – aber sie wird sich tot kränken. Red' Vernunft! Red' dem blinden Geschöpf Vernunft. Verlang' von der Blinden die Selbstlosigkeit, die wir zwei Gesunden nicht haben. Sie hat ja Recht. Tausendmal Recht. So lieb wie dich – hab' ich sie nicht. Und du liebst mich. Sie ist zwischen uns ein Zuviel. Ja freilich! Wenn die Ratsherrn heimkommen – (*er drückt sich mit den Fingerspitzen in die geschlossenen Augenwinkel*).

SABINE (*starrt vor sich nieder*).

145

RITTER: Ich weiß wohl, Sabine, daß du dir sagst, ich sei ein Waschlappen. Ich weiß auch ganz gut, was das Stärkere zu thun wäre. Mit dir in ein neues kräftiges Leben – fest drauf los – sich den Kuckuck um andere scheeren –

SABINE: So komm! So komm!

RITTER: Können! Ich bin ganz einfach zu schwach. Ich hab' keine Spur Talent zum Helden. Ich bin ein armer Lump und kriech' in den Herdwinkel.

SABINE: Ist sie es auch wert, daß du so für sie leidest?

RITTER: Das weiß ich nicht. Ich weiß nur, daß sie blind ist. Blind um uns.

SABINE (*macht eine Bewegung*).

RITTER: Laß! Das redest du mir nicht aus. Ach!! Einen ganzen Buckel voll Sünden hab' ich mir aufgeladen. Wie steh' ich vor dir da! Was hab' ich dir gethan! – Kannst du mich nicht rasch vergessen?

SABINE (*wehmutsvoll lächelnd*): Glaub' kaum.

RITTER: Radier' mich aus. Stell' dir nur vor, wie schlecht ich mich gegen dich benommen hab'. Ach Gott! Verzeih's dem alten Esel, daß du ihm gar so gut gefallen hast. (*Er streicht ihr mit liebkosendem Murmeln über den Scheitel. Sich besinnend.*) Ja – nicht wahr. – Wie dumm ich Abschied nehme. Ich bin halt so gewöhnlich.

SABINE (*ausbrechend*): Aber ich sterbe ja, ich sterbe ja –

146

RITTER (*ihre Hände fassend, tief und innig*): Du nicht! Du hast das Zeug in dir, über deinen eigenen Jammer hinauszukommen. Du kannst einer von den Menschen werden, die über alle andern hinwegschauen – still und riesengroß. Selber merken sie's gar nicht. Aber der Alte da oben paßt schon auf.

SABINE (*steht vor ihm, zitternd, mit glühendem Gesicht, fassungslos*): Ich bin aber nicht wie du dir denkst – aus dir heraus denkst, weil du so bist – nicht gut bin ich – nicht still – hätte ich bei dir sein können, ich hätt' es überwunden – aber fortgehen für immer, für immer, und nie – (*sie drückt die Hände in die Brust*). Da! Da! (*Sie fällt vor ihm auf die Kniee.*)

RITTER: (*alles vergessend reißt sie zu sich empor*): Mein Weib – mein Weib! (*Indem er sie auf die Lippen küssen will, sieht er ihr ins Gesicht und bleibt an ihren Augen gefangen.*) Mein Weib ... das darf ich dir nicht thun. Das nicht. (*Bleibt ganz in ihre Augen verloren ein paar Sekunden unbeweglich, löst dann seine Hände von ihr und faltet sie vor seinen Lippen.*) Betend – daß Gott dich – ich bin ein schlechter alter Kerl. Vielleicht sagst du – ich bin feig. Aber wie darf ich denn dir so was thun. Dir! Veracht' mich nicht. Veracht' mich nicht!

SABINE (*aufschreiend*): Heinrich! Du heiliger Mensch – (*Wie ein Kind mit seitwärts geneigtem Kopf und verschlungenen Händen zu ihm aufsehend.*) Nun hab' ich

Frieden. Nun geh' ich. (*Sie wendet sich ab und geht langsam. Er will ihr folgen, sie weist ihn mit der rückgewendeten Hand ab.*) Ich darf dich nicht mehr sehen. Wenn ich dich sehe – dann kann ich nicht gehen. (*Sie verschwindet über die Treppe in den Garten.*)

RITTER (*schaut ihr lange nach, setzt sich dann ans Klavier und weint bitterlich*).

Es dämmert.

ISOLDES (*Stimme aus dem Garten*): Nein, ich will es tragen, ich will es ihm selbst geben, er wird sich so freuen!

RITTER (*richtet sich auf, trocknet sich die Augen, und schnäuzt sich gewaltsam*).

ISOLDE (*hastig über die Treppe heraufstolpernd, ein Büschel stark entblätterter armseliger Spätrosen in der Hand, hinter ihr Anna*). Papa, heute ist ja der vierzehnte. Dein Geburtstag. Und nun hab' ich nichts, als die letzten Rosen da! Aber ich habe sie selbst gepflückt. Und denke nur, ich kann nach dem Duft unterscheiden, ob es rote oder weiße sind. Da – wo bist du denn, Papa?

RITTER (*ist aufgestanden und zu ihr getreten*): Hier mein Kind.

ISOLDE: Sind sie nicht schön? Wie sehen sie denn aus?

RITTER: Sehr schön. Stich dich nicht – es sind so viel Dornen.

ISOLDE: Anna soll sie in die Venetianer Vase thun.

RITTER (*giebt Anna die Blumen*): Ja wohl.

ANNA (*geht nach dem Vorzimmer ab*).

ISOLDE (*mit ihrem Arm nach Ritter suchend*): Und nun gieb mir einen Kuß, lieber Papa. Ich bin so vergnügt. (*Er küßt sie.*) Bist du nicht feucht auf der Backe?

RITTER (*wischt mit dem Taschentuch*): Nein – ich weiß nicht.

ISOLDE: Nicht wahr, du bist heute fünfzig geworden? Aelter will ich auch nicht werden. Und dann bist du achtzig. Das sag' ich dir gleich, Papa. Wenn du stirbst, bring' ich mich auch um. Und dann werd' ich Mut haben.

Es dunkelt immer mehr.

ISOLDE: Nun hat's mich müde gemacht – im Garten. Es ist wohl schon zum Abend?

RITTER: Ja. Es ist spät.

ISOLDE: Ist die Sonne noch da?

RITTER: Nein. Die Sonne ist fort.

ISOLDE: Komm' zu mir, Papa. Also finster. Früher hab' ich mich gefürchtet im Finstern und jetzt gar nicht mehr. Weil ich immer drin bin. Kommt heute Mond?

RITTER: Vollmond. Da drüben – grad' steigt er über die Bäume – schau nur (*sich besinnend*). Ja so.

ISOLDE: Papa, wenn du mir davon erzählst, seh' ich's inwendig. Ich bin gar nicht blind, ich sehe in mir. Ganz prächtig. Nur daß es schwarz ist. Es ist gar

149

nicht so schlimm … Man kann auch im Dunkeln leben.

RITTER (*hat sie an seine Brust gezogen*): Ja mein Kind – man kann auch im Dunkel leben. (*Sie stehen fest umschlungen. Das helle Mondlicht fällt über sie.*)

Ende

Modern Language Association of America
Texts and Translations

Texts

Anna Banti. *"La signorina" e altri racconti*. Ed. and introd. Carol Lazzaro-Weis. 2001.

Adolphe Belot. *Mademoiselle Giraud, ma femme*. Ed and introd. Christopher Rivers. 2002.

Dovid Bergelson. *Opgang*. Ed. and introd. Joseph Sherman. 1999.

Elsa Bernstein. *Dämmerung: Schauspiel in fünf Akten*. Ed. and introd. Susanne Kord. 2003.

Isabelle de Charrière. *Lettres de Mistriss Henley publiées par son amie*. Ed. Joan Hinde Stewart and Philip Stewart. 1993.

Sophie Cottin. *Claire d'Albe*. Ed. and introd. Margaret Cohen. 2002.

Claire de Duras. *Ourika*. Ed. Joan DeJean. Introd. Joan DeJean and Margaret Waller. 1994.

Françoise de Graffigny. *Lettres d'une Péruvienne*. Introd. Joan DeJean and Nancy K. Miller. 1993.

M. A. R. Habib, ed. and introd. *An Anthology of Modern Urdu Poetry*. 2003.

Sofya Kovalevskaya. *Nigilistka*. Ed. and introd. Natasha Kolchevska. 2001.

Thérèse Kuoh-Moukoury. *Rencontres essentielles*. Introd. Cheryl Toman. 2002.

Emilia Pardo Bazán. *"El encaje roto" y otros cuentos*. Ed. and introd. Joyce Tolliver. 1996.

Marie Riccoboni. *Histoire d'Ernestine*. Ed. Joan Hinde Stewart and Philip Stewart. 1998.

Eleonore Thon. *Adelheit von Rastenberg*. Ed. and introd. Karin A. Wurst. 1996.

Translations

Anna Banti. *"The Signorina" and Other Stories*. Trans. Martha King and Carol Lazzaro-Weis. 2001.

Adolphe Belot. *Mademoiselle Giraud, My Wife*. Trans. Christopher Rivers. 2002.

Dovid Bergelson. *Descent*. Trans. Joseph Sherman. 1999.

Elsa Bernstein. *Twilight: A Drama in Five Acts*. Trans. Susanne Kord. 2003.

Isabelle de Charrière. *Letters of Mistress Henley Published by Her Friend*. Trans. Philip Stewart and Jean Vaché. 1993.

Sophie Cottin. *Claire d'Albe*. Trans. Margaret Cohen. 2002.

Claire de Duras. *Ourika*. Trans. John Fowles. 1994.

Françoise de Graffigny. *Letters from a Peruvian Woman*. Trans. David Kornacker. 1993.

M. A. R. Habib, trans. *An Anthology of Modern Urdu Poetry*. 2003.

Sofya Kovalevskaya. *Nihilist Girl*. Trans. Natasha Kolchevska with Mary Zirin. 2001.

Thérèse Kuoh-Moukoury. *Essential Encounters*. Trans. Cheryl Toman. 2002.

Emilia Pardo Bazán. *"Torn Lace" and Other Stories*. Trans. María Cristina Urruela. 1996.

Marie Riccoboni. *The Story of Ernestine*. Trans. Joan Hinde Stewart and Philip Stewart. 1998.

Eleonore Thon. *Adelheit von Rastenberg*. Trans. George F. Peters. 1996.